D1691998

MATTHIAS LANGWASSER

VEGANE KOCHKUNST

Kreative Küche
für Vitalität und Lebensfreude

Copyright © 2013 Regenbogenkreis
Matthias Langwasser
Vierte, stark erweiterte Auflage 2013

Alle Beiträge und Abbildungen sind urheberrechtlich geschützt.
Nachdruck, Vervielfältigung sowie die Nutzung im Internet,
auch auszugsweise, nur mit schriftlicher Genehmigung des Autors.

Farbfotos: Matthias Langwasser, Bodo Krug, PETA (S.17), Lakov Kalinin (S.117)
Gestaltung: Jörg Pelka, www.allergutendinge.de

Gedruckt auf 100 % Recyclingpapier – den Wäldern zuliebe

ISBN 978-3-00-021124-9

Für meinen Sohn Elian

Er hilft mir dabei, mein Herz immer mehr zu öffnen. Die Energie, die er mitbringt, hat mir die Kraft gegeben, dieses Kochbuchprojekt mit Freude und Leidenschaft umzusetzen.

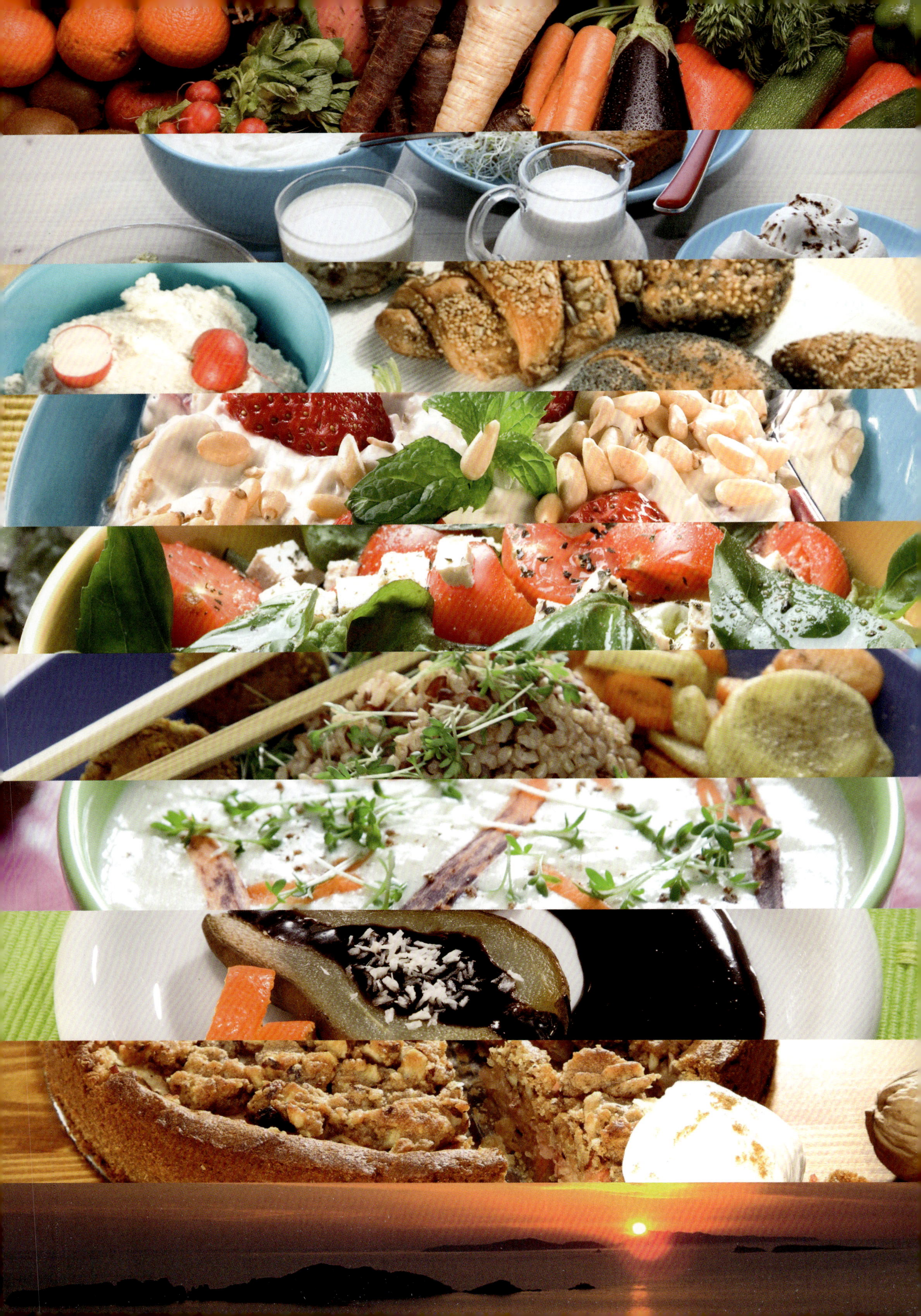

VEGANE ERNÄHRUNG	12
WARENKUNDE	30
GEWÜRZE	37
GRUNDREZEPTE GETREIDE	38
BROT UND BRÖTCHEN	40
BROTAUFSTRICHE	44
FRÜHSTÜCK	50
SALATE	54
SALATSOSSEN	64
HAUPTGERICHTE	66
SUPPEN UND EINTÖPFE	94
DESSERTS	100
EISCREMES	108
KUCHEN UND GEBÄCK	110
PERSÖNLICHES	114
INDEX	118

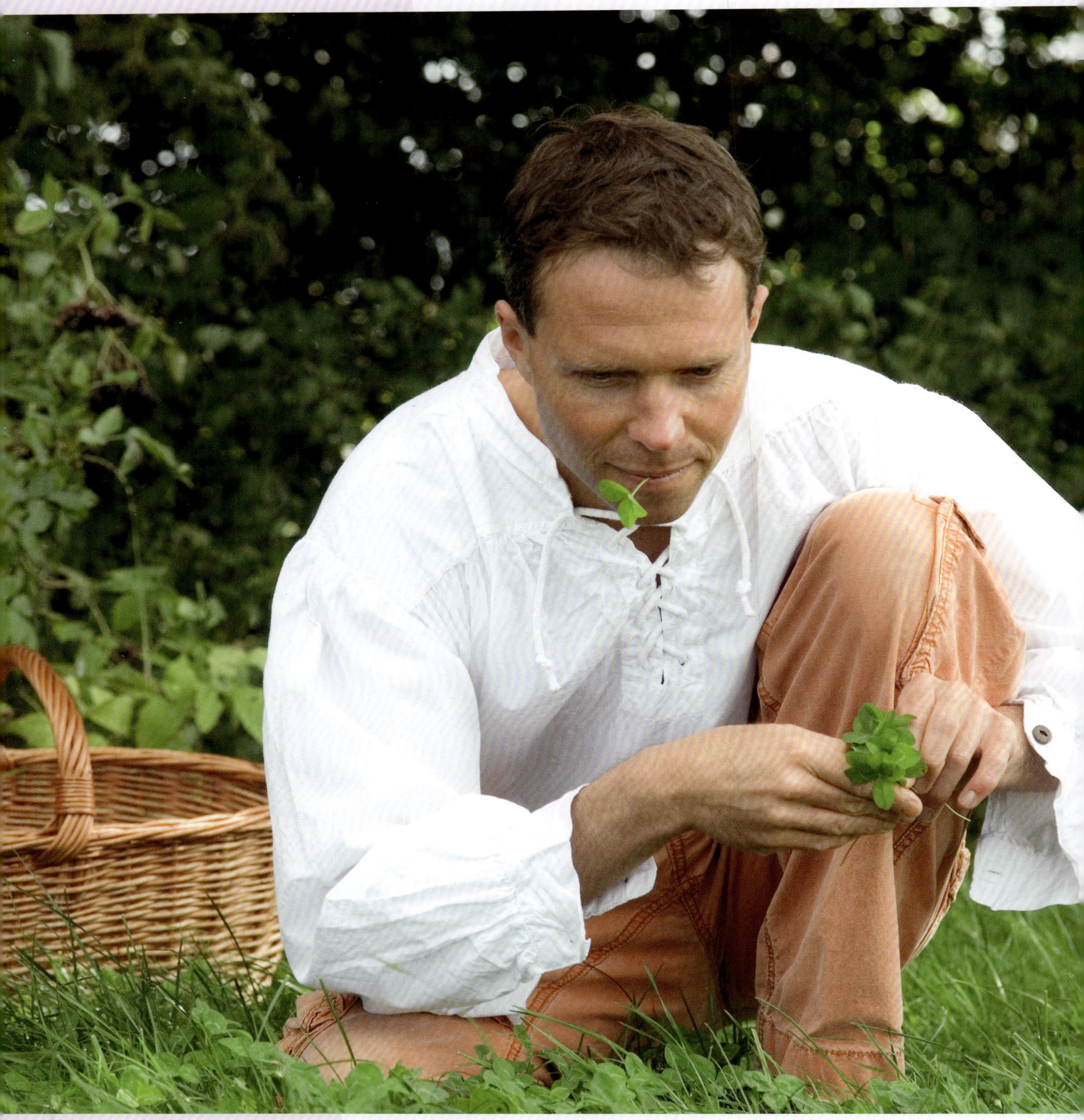

VORWORT

In den 17 Jahren meiner Tätigkeit als Seminarkoch wurde mir immer wieder von begeisterten Teilnehmerinnen nahe gelegt, unbedingt ein Kochbuch zu schreiben. Nachdem ich bestimmt zum hundertsten Mal von einer Frau darauf angesprochen wurde, verstand ich, dass das Universum bei mir anklopfte und ich versprach der Dame, das Buch zu machen. Damit war der Stein ins Rollen gekommen...

Ich hatte auch noch kein rein pflanzliches Rezeptbuch auf dem Büchermarkt entdeckt, welches mich überzeugte, und so reifte in mir die Entscheidung, ein umfassendes veganes Kochbuch zu konzipieren und damit eine Lücke zu füllen.

In den letzten 25 Jahren habe ich unzählige Gerichte zubereitet, und heute muss ich leider sagen, dass ich mich an viele Rezepturen einfach nicht mehr erinnern kann. Erst für dieses Kochbuch habe ich damit begonnen, Rezepte und Mengen genauer aufzuschreiben. Mittlerweile habe ich es mir zur Gewohnheit gemacht, in der Küche eine Waage, ein Büchlein und einen Stift bereitliegen zu haben, um immer dann, wenn ich die Zeit finde, die neuesten Kreationen des Tages festzuhalten.

Als ich begann, an diesem Buch zu arbeiten, habe ich nicht gewusst, wie viel Mühe und Zeit es kosten würde – ich hatte am Schluss eine Blase am rechten Handgelenk vom ständigen Bewegen der PC-Maus. Aber manchmal ist es gut, bestimmte Dinge nicht vorher zu wissen! Andererseits hat mir die Arbeit an dem Buch aber auch sehr viel Freude bereitet.

Mein Sohn Elian war gerade geboren, als ich anfing, das vorliegende Buch zu schreiben. Ich hatte ihn oft bei mir im Tragetuch, während ich die Rezepte aufschrieb. Das war nicht immer so einfach, da er oft aufwachte und ich ihn dann wieder in den Schlaf wiegen musste. So trug auch er seinen Teil zur Entstehung von „Vegane Kochkunst" bei.

Ich danke allen ganz herzlich, die mich bei diesem Projekt unterstützt haben, besonders meinem Vater, Christine und Charlotte für ihre Unterstützung sowie Randi, meinem Bruder Daniel, Simone und Hildegard für ihre Anregungen und Korrekturen.

VORWORT ZUR ZWEITEN, DRITTEN UND VIERTEN AUFLAGE

Die erste Auflage war ein voller Erfolg! Ich habe viele Bücher in allen Teilen Deutschlands, in der Schweiz und in Österreich verkauft, ohne Werbung dafür zu machen. Dass die zweite Auflage schon innerhalb eines halben Jahres vergriffen war, hat mich dann doch überrascht.

Mit den ersten 3 Auflagen haben wir mehr als 10 000 Bücher im Eigenverlag verkauft. Ich habe viele begeisterte Zuschriften bekommen (zu lesen auf meiner Webseite www.regenbogenkreis.de), viele von Müttern, die begonnen hatten, für ihre Familie vegan zu kochen, wovon aber Mann und Kinder leider nicht begeistert waren. Dies änderte sich, als die Mütter Rezepte aus „Vegane Kochkunst" verwendeten, was dann für die ganze Familie eine große Erleichterung war.

Die Nachfrage zeigt, dass das Interesse an der veganen Ernährung auch im deutschsprachigen Raum stetig zunimmt. In Amerika zum Beispiel ist der Begriff „vegan" schon genauso bekannt wie hier „vegetarisch".

Für die neue Auflage habe ich die besten Mitarbeiter gefunden, die ich mir vorstellen kann. Mit dem Fotografen Bodo Krug habe ich einige intensive Tage verbracht, an denen ich von früh morgens bis tief in die Nacht hinein Gerichte zubereitet und arrangiert habe, während er fotografierte. Diese Fotosessions haben uns beiden sehr viel Spaß gemacht. Ich erinnere mich noch daran, wie wir bei der Arbeit für das Orangensorbet-Foto dachten, dass wir sehr schnell sein müssten, weil das Eis sonst schmelzen würde. Dann kam uns aber die geniale Idee, das Eis ans offene Fenster zu stellen, da es draußen sehr kalt war. Wir konnten dann in Ruhe (abgesehen davon, dass wir etwas gefroren haben ☺) das Orangensorbet fotografieren, da es seinen Zustand nicht veränderte – solange, bis Bodo aus Versehen die Eisschale umstieß!

Wir sind begeistert von dem Ergebnis unserer Arbeit, welche durch die vielen neuen Abbildungen zeigt, wie ansprechend eine vegane Ernährung sein kann.

Außerdem bin ich sehr glücklich über die neue Gestaltung des vorliegenden Buches. Der Grafikdesigner Jörg Pelka, den ich seit meiner Kindheit kenne (unsere Mütter sind beste Freundinnen), hat diese auf eine besonders kreative Weise umgesetzt.

Ich habe noch viele wichtige Informationen über vegane Ernährung und besondere Lebensmittel hinzugefügt, so dass das vorliegende Buch nicht nur ein Rezeptbuch ist, sondern noch viel mehr: Es beschreibt einen ganz neuen Lebensstil, von dem ich überzeugt bin, dass dieser in Zukunft eine zentrale Rolle auf unserer Erde spielen wird.

Lange war ich auf der Suche nach einem Papier für dieses Kochbuch, welches ich mit gutem Gewissen verwenden kann und das gleichzeitig unsere besondere und farbenfrohe Gestaltung unterstützt. Schließlich habe ich eine Papiersorte mit einem Recyclinganteil von 100 % gefunden, die sich auch für den Bilderdruck eignet.

Da viele meiner Kunden Freunde sind, und ich uns alle als große Familie von Menschen sehe, die gemeinsam auf dem Weg in ein neues Zeitalter sind, habe ich mich entschieden, nach meinem Shop nun auch für die vorliegende 4. Auflage dieses Kochbuchs die Anrede „Du" zu wählen. Ich finde das persönlicher und direkter. Du kannst mich also gerne Matthias nennen ☺.

Dieses neue Kochbuchprojekt hat mir viel Freude gemacht, es ist in einem wundervollen Energiefluss entstanden und ich bin sehr glücklich darüber, dieses Werk in die Welt bringen zu dürfen.

Ich wünsche mir von Herzen, dass „Vegane Kochkunst" Dich genauso begeistert.

Viel Spaß und Genuss mit der veganen Küche!

Dein

Matthias

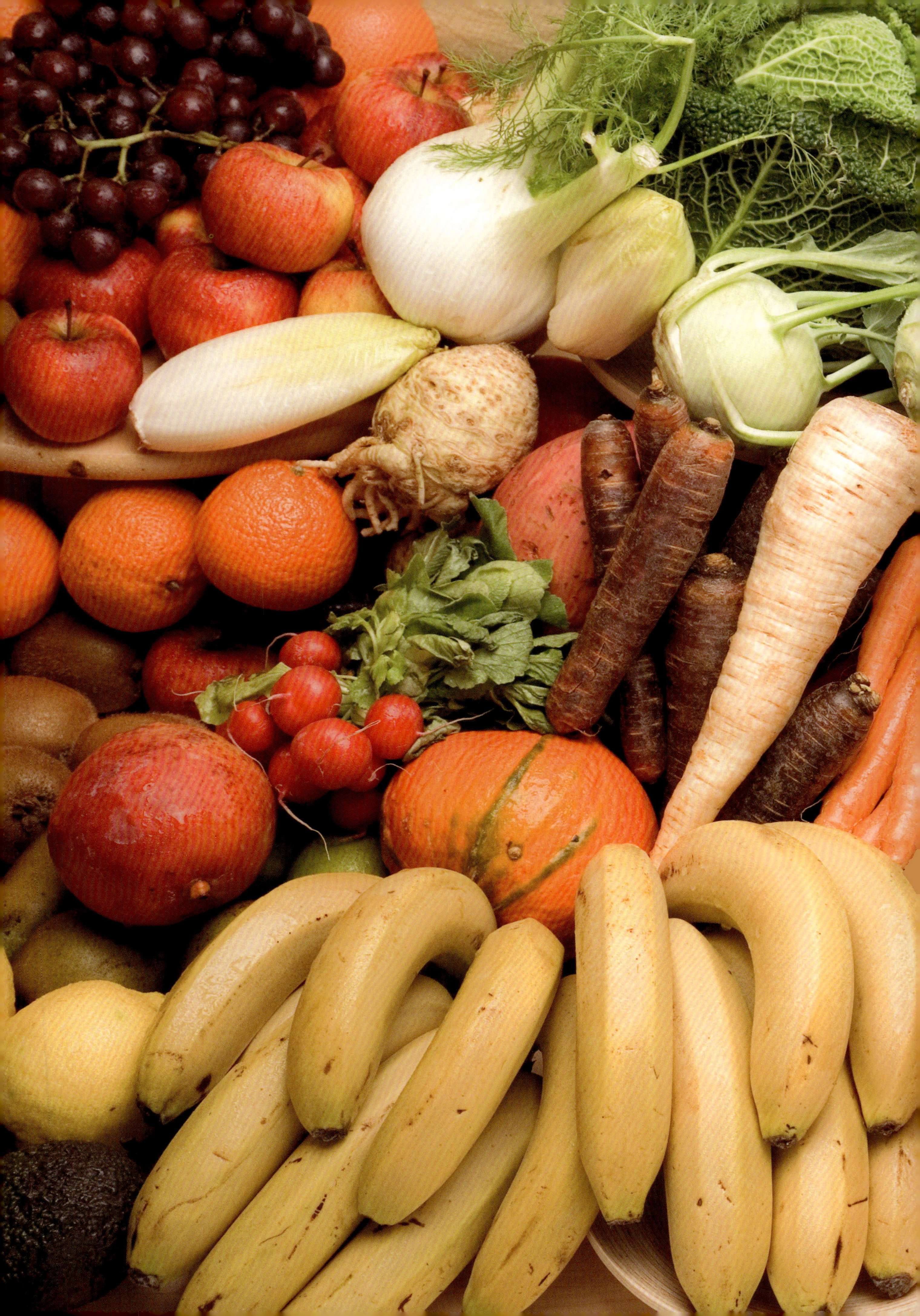

VEGANE ERNÄHRUNG

VEGANE ERNÄHRUNG

Was ist eigentlich eine vegane Ernährung?

Im Unterschied zur **vegetarischen Ernährung**, *die kein Fleisch, dafür aber Eier und Milchprodukte enthält, ist eine vegane Ernährung rein pflanzlich. Es werden also nur Nahrungsmittel pflanzlichen Ursprungs verwendet.*

Ich empfehle eine **vegane Vollwerternährung aus biologischem Anbau**, da dies das Beste ist, was wir für unsere Gesundheit und unsere Erde tun können. Die Hintergründe dazu werde ich später noch erläutern. Vollwertkost bezieht sich auf eine vollwertige, naturbelassene Nahrung. Demzufolge werden in der Vollwertkost keine raffinierten und isolierten Produkte wie Weißmehl, weißer Zucker oder konventionelle Pflanzenöle verwendet. Stattdessen nimmt man Vollkornmehl, Vollrohrzucker oder andere natürliche Süßungsmittel und kalt gepresste Pflanzenöle.

VEGANE ERNÄHRUNG AUS ETHISCHER SICHT

Wer war nicht schon tief betroffen von Bildern aus Fernsehdokumentationen, welche die unermesslichen Qualen der Tiere in den Mastanlagen zeigten? Wer auch nur ein bisschen Empfindsamkeit besitzt, muss zugeben, dass diese Art der Tierhaltung ein Verbrechen ist, dem kein Einhalt geboten wird, da sich dieses Riesengeschäft auf eine entsprechende Nachfrage stützt. Denn trotz abendlicher Aufregung beim Anschauen solcher Sendungen greifen viele Verbraucher am nächsten Morgen wie selbstverständlich wieder zum abgepackten Fleischsonderangebot des nächsten Supermarkts. Solange es Menschen gibt, die eine solche Tierhaltung unterstützen, wird sich daran nichts ändern. Jeder, der Produkte aus tierverachtender Haltung kauft, ist mitverantwortlich für das, was dort geschieht.

Das Überfischen der Meere, das Töten von Walen und Delfinen, die gesamte Ausbeutung der Tierwelt wird nicht mehr möglich sein, wenn die Menschen sich vegan ernähren. Selbst die Milchproduktion ist immer mit dem Töten von Tieren verbunden, da die Kühe Kälber bekommen müssen, um weiterhin Milch zu geben. Die männlichen Kälber wandern normalerweise zum Schlachter. Wusstest Du, dass das Lab, welches man hauptsächlich für die Käseherstellung verwendet, aus dem Magen von Kälbern hergestellt wird? Auch Vegetarier, die Milchprodukte essen, sind direkt verantwortlich für die Ausbeutung der Kühe. Diese werden permanent künstlich geschwängert, um ihnen dann ihre geliebten Kälber wegzunehmen, was für beide eine große seelische Qual bedeutet. Die Kühe brüllen oft wochenlang, nachdem sie ihr Kalb verloren haben. Wieso besitzen viele Menschen eigentlich die Arroganz, zu glauben, dass ein Tier nicht leiden kann, weil wir dessen Sprache nicht verstehen? Sich vegan zu ernähren bedeutet also, mit gutem Gewissen zu essen, weil ich weiß, dass kein Tier für die Mahlzeit auf meinem Teller leiden oder sterben musste.

Ich sehe die vegane Ernährung als *die* Ernährungsform der Zukunft, die es uns ermöglicht, wieder eine enge und liebevolle Partnerschaft mit der Tierwelt aufzubauen und eine neue Form von Harmonie auf der Erde zu leben. Ist dies eine Utopie? Nun, wenn nur eine Million Menschen auf unserem Planeten sich *heute* dazu entschließen, an eine solche Utopie zu glauben, und ihre Lebensweise verändern, wird sich diese Anzahl sehr schnell vervielfältigen. Und die Zahl derer, die sich für eine vegane Ernährung entscheiden, wächst täglich!

VEGANE ERNÄHRUNG ALS UMWELTSCHUTZ

Veganes Essen ist praktizierter Umweltschutz und noch dazu ein überzeugender Weg, den Hunger auf der Erde zu stoppen. 90 % der Ackerflächen werden zur Produktion von Viehfutter verwendet. Würden sich die Menschen ausschließlich mit pflanzlichen Lebensmitteln ernähren, so bräuchten wir nur noch 10 % der heute genutzten Anbauflächen, um alle Menschen zu versorgen, während wir die restlichen 90 % wieder der Natur zurückgeben oder auf diesen Flächen nachwachsende Rohstoffe anbauen könnten.

Lebensmittel	Anzahl
Kohl	23
Kartoffeln	22
Reis	19
Mais	17
Soja oder Weizen	15
Hühnerfleisch	2
Milch	2
Eier	1
Rindfleisch	1

Anzahl der Menschen, deren Kalorienbedarf von einem Hektar Land durch die Produktion der nebenstehenden Lebensmittel gedeckt werden könnte.

VEGANE ERNÄHRUNG

Heute wird auf den besten Böden der armen Länder Viehfutter für unsere Massentierhaltungen angebaut, während die Menschen dort verhungern. Ca. 40 % der weltweit gefangenen Fische, ca. 50 % der weltweiten Getreideernte und ca. 90 % der weltweiten Sojaernte werden an die Tiere der Fleisch- und Milchindustrie verfüttert. Würden alleine die US-Amerikaner nur 10 % weniger Fleisch essen, könnte man mit dem dadurch eingesparten Getreide rund eine Milliarde Menschen vor dem Hungertod bewahren. Die Fleischproduktion braucht riesige Mengen an kostbarem Trinkwasser – die Erzeugung eines Pfundes Rindfleisch benötigt 20.000 Liter Wasser. Wenn eine Person nur einmal darauf verzichten würde, ein Pfund Rindfleisch zu kaufen, würde sie genauso viel Wasser sparen, als wenn sie ein ganzes Jahr niemals duschen würde!*

Außerdem ist die Fleischerzeugung verantwortlich für die Verseuchung von Böden und Grundwasser durch die enormen Mengen an Gülle und anderen Exkrementen, die produziert werden, sowie durch die Ausbringung von Kunstdüngern und Pestiziden für den Futtermittelanbau. Hinzu kommt, dass die unzähligen Tiere in den Massentierhaltungen große Mengen an Methangas produzieren, welches mitverantwortlich für den Treibhauseffekt gemacht wird. Auch hier sehen wir: Eine vegane Ernährung trägt aktiv dazu bei, diese Missstände zu reduzieren.

In Aktion für den Schutz des Regenwaldes

Sie ist außerdem ein aktiver Beitrag zum Schutz der Regenwälder, die immer noch in erschreckendem Maß abgeholzt werden. 30 bis 40 % des Sauerstoffs, den wir atmen, wird in der grünen Lunge der Erde produziert. Die Urwälder unserer Erde sind unverzichtbar für die Stabilität des Weltklimas. Dort, wo noch genug Wälder vorhanden sind, regnet es auch ausreichend. Werden die Regenwälder abgeholzt, bleibt der Regen weg und Wüstengebiete entstehen. Der Anbau von Soja als Futtermittel für die Tierproduktion und die Nutzung als Weidefläche für Rinder sind zu 90 % für die weltweite Zerstörung der Regenwälder verantwortlich.

*aus: John Robbins, „Food Revolution"

„Nichts wird die Chance auf ein Überleben auf der Erde so steigern, wie der Schritt zur vegetarischen Ernährung." *Albert Einstein*

VEGANE ERNÄHRUNG FÜR UNSERE GESUNDHEIT

Eine vegane Ernährung hat nur Vorteile, nicht zuletzt für unsere Gesundheit. Wenn man sich auf eine rein pflanzliche Ernährung umstellt, dann zeigt sich eine ähnliche Reaktion wie beim Fasten: Der Körper beginnt zu entgiften. Aus diesem Grunde kann es einige Zeit dauern, bis wir uns an unsere neue Lebensweise gewöhnt haben. Ich selbst konnte feststellen, dass ich viel sensibler und empfindsamer wurde, dass ich feinere Sinne bekam. Ich konnte besser riechen, schmecken und Farben deutlicher wahrnehmen.

Ich ernähre mich seit meinem 21. Lebensjahr vegan und kann nur sagen, dass ich mich allerbester Gesundheit erfreue. Ich bin seit vielen Jahren nicht krank gewesen und habe eine fast unbegrenzte körperliche Stärke und Kondition. Es ist meine Leidenschaft, nächtelang intensiv zu tanzen oder lange Strecken zu schwimmen. Ich habe dabei niemals Probleme mit Ausdauer oder Müdigkeit.

Wenn Du Dich vegan und vollwertig ernährst, brauchst Du Dir nie wieder Sorgen um Übergewicht zu machen! Es ist unmöglich, mit dieser Form von Ernährung Fett anzusetzen. Du brauchst Dich nie wieder mit irgendwelchen Diäten zu beschäftigen oder Kalorien zu zählen. Warum? Die Nahrungsmittel, die Übergewicht verursachen, sind tierische Produkte, Fabrikzucker und denaturierte Fette. Nüsse, Ölsaaten und natürliche pflanzliche Öle enthalten sehr viel Fett und Kalorien. Trotzdem kann man davon so viel essen, wie man will, ohne dass diese Lebensmittel zu überflüssigen Fettansammlungen im Körper führen.

Ich habe mir immer wieder die Frage gestellt, warum nicht schon viel mehr Menschen in unserer Gesellschaft vegan leben. Um diese Frage zu beantworten, muss man verstehen, wie unsere Wirtschaft funktioniert. Das Interesse der meisten Firmen ist leider (noch) der Umsatz um jeden Preis. Wenn Menschen ein bestimmtes Produkt nicht brauchen oder dieses sogar schädlich ist, erklärt man ihnen über gezielte Werbekampagnen immer wieder, dass sie ohne dieses Produkt nicht leben können. Auf diese Weise hat die Fleisch- und Milchindustrie alles getan, um den Absatz ihrer Erzeugnisse zu er-

VEGANE ERNÄHRUNG

höhen: Milliarden wurden in Werbung investiert, in scheinwissenschaftliche Studien, in Beeinflussung von Politikern. Und all dies, um die Konsumenten davon zu überzeugen, dass sie Milch und Fleisch brauchen, um gesund zu sein, und dass ein Verzicht darauf alle möglichen gesundheitlichen Probleme nach sich ziehen würde. Es geht dabei nicht um Wahrheit, sondern ausschließlich um Profit.

Im Folgenden möchte ich mich mit einigen Mythen befassen, die ich immer wieder zu hören bekomme.

Mythos Nr. 1:
Bei einer veganen Ernährung bekommt man Mangelerscheinungen.

Wenn wir uns vollwertig-vegan ernähren, bekommen wir alles, was der Körper braucht. Pflanzliche, natürliche Lebensmittel enthalten sehr viele Vitamine, Mineralien, Spurenelemente, Ballaststoffe und wichtige Fette. Dies ist bei einer herkömmlichen Ernährung nicht der Fall.

Nehmen wir zum Beispiel ein typisches deutsches Frühstück: Der konventionelle Haushalt hat morgens frische Weißmehlbrötchen, gezuckerte Marmelade, normales Graubrot, Butter, Wurst und Käse auf dem Tisch. Der Vitamin- und Mineraliengehalt eines solchen Frühstücks ist denkbar gering. In der Wurst und dem Käse sind einige Nährstoffe enthalten, in den Brötchen befinden sich hauptsächlich leere Kohlenhydrate. Dazu kommt, dass dieses Frühstück auf den Organismus übersäuernd wirkt und damit dem Körper Mineralien entzogen werden, um die entstehenden Säuren abzupuffern. Auf den Säure-Basen-Haushalt werde ich später noch genauer eingehen. Der Zucker in der Marmelade wirkt ebenso stark säurebildend und ist gleichzeitig ein Mineralienräuber. Fazit: Ein solches Frühstück produziert Mangelerscheinungen!

Nun stellen wir uns einmal ein veganes Frühstück vor, mit Obst und Nüssen, zum Beispiel in Form von einem leckeren Obstsalat. Viele andere Frühstücksvarianten sind natürlich möglich, wie ich später noch zeigen werde. Das Obst enthält viele wichtige Vitamine, Mineralien und Spurenelemente. Die Nüsse sind wertvolle Energiespender in Form von hochwertigem pflanzlichen Eiweiß, Mineralien und wichtigen Fetten. Dieses Frühstück ist in der Gesamtheit basenbildend, was bedeutet, dass die Nährstoffe von unserem Körper auch optimal aufgenommen werden. Wir könnten dieses Beispiel natürlich genauso auf das Mittag- und Abendessen übertragen. Es ist mein Anliegen einmal aufzuzeigen, dass es sich genau andersherum verhält, als uns immer wieder suggeriert wird: Das normale Standardessen verursacht Mangelerscheinungen, aber nicht die vegane Vollwertkost!

Mythos Nr. 2:
Pflanzliche Nahrung enthält nicht genug Eiweiß.

Jahrzehntelang wurde uns erzählt, wie wichtig tierisches Eiweiß für unsere Ernährung sei und dass es uns stark mache. Viele Menschen können sich vielleicht noch vorstellen, dass eine Sekretärin, die lediglich Büroarbeit verrichtet und sich pflanzlich ernährt, gute Arbeit leistet. Aber dass ein Mann, der schwer körperlich arbeiten muss, ohne Fleisch leben kann, glauben die wenigsten. „Fleisch ist ein Stück Lebenskraft". Wer kennt diesen Slogan der Fleischindustrie nicht?

Der erfolgreichste Leichtathlet aller Zeiten, Carl Lewis, hat bewiesen, dass für körperliche Höchstleistungen kein tierisches Eiweiß notwendig ist. Patrick Baboumian, offiziell der stärkste Mann Deutschlands, ist Veganer. Er ist in der Lage, ein 600 Kilo schweres Auto umzuwerfen und dann weiter zu rollen. Ein anderes Beispiel: Alexander Dargatz, Veganer und Arzt. Er hat bei der WFF-Bodybuilding Weltmeisterschaft 2005 den Gesamtsieg in der Fitnessklasse errungen. Es gibt unzählige Beispiele von Sportlern und Athleten, die sich vegetarisch bzw. vegan ernähren und viele Weltrekorde aufgestellt haben.

Die Tarahumara-Indios in Mexiko verfügen über eine fast unglaubliche körperliche Fitness. Ihre Ausdauer ist geradezu grenzenlos. Einen Großteil ihrer Freizeit verbringen sie mit einer Art Fußballspiel, das mehrere Tage dauert.

VEGANE ERNÄHRUNG

Während eines Spiels laufen die Männer im Durchschnitt 320 Kilometer und die Frauen 160 Kilometer. Diese Indios kennen keine Herzerkrankungen und keinen Krebs. Sie ernähren sich fast ausschließlich von Mais, Bohnen, Gemüse und Früchten.*

Hülsenfrüchte wie Bohnen, Erbsen und Linsen sowie Getreide und Nüsse sind reichhaltige Eiweißquellen. Getreide zum Beispiel liefert eine ähnliche Menge an Eiweiß wie Fleisch. Tofuprodukte, die ja aus Sojabohnen hergestellt werden, enthalten eine große Menge an pflanzlichem Eiweiß. Eine vegane Vollwerternährung, die Getreide, Hülsenfrüchte und Nüsse beinhaltet, versorgt den Körper mit ausreichenden Mengen an Eiweiß. Dazu ist noch nicht einmal der Verzehr von Sojaprodukten notwendig.

Mythos Nr. 3:
Ein Veganer bekommt nicht genug Vitamin B12.

Folgende pflanzliche Lebensmittel enthalten Vitamin B12: Fermentierte Sojaprodukte wie Tempeh, Miso und Shoyu, Bierhefe, Würzhefeflocken, Beinwell, Petersilie, einige Pilze, Algen, Spirulina, Chlorella, Süßlupinen, rohes und ungeschältes Knollengemüse wie zum Beispiel Möhren und Rote Beete, Wildkräuter und milchsaures Gemüse.

Milchsäurebakterien bilden während der Fermentation Vitamin B12. So ist zum Beispiel auch Sauerkraut ein hervorragender Lieferant von Vitamin B12. **Vitamin B12 wird außerdem von einer gesunden Darmflora selbst produziert.** Die Forscherin Dr. Vivian Vetrano aus Los Angeles hat Folgendes heraus gefunden: Im menschlichen Körper leben Bakterien, die aktives Vitamin B12 produzieren. Vitamin-B12-Mangel entsteht als Folge chronischer Magen-Darm-Erkrankungen, bei denen die Darmflora gestört ist, so dass die Vitamin B12 bildenden Bakterien keine Lebensgrundlage vorfinden. Eine Störung der Darmflora und Magen-Darm-Erkrankungen werden

Hier lebe ich!

* aus: John Robbins, „Food Revolution"

besonders von einer Ernährung mit tierischem Eiweiß begünstigt. Cyanocobalamin, ein toxisches und künstlich hergestelltes „Vitamin B12", kann vom menschlichen Körper nicht aufgenommen werden.

Ein vollwertig lebender Veganer verfügt über eine gesunde Darmflora, genießt manchmal ungewaschene Wildpflanzen und liebt Meeresalgen. Jeder einzelne dieser Punkte stellt eine gesunde Vitamin-B12-Versorgung sicher. Eine finnische Studie vom Department of Clinical Nutrition der University of Kuopio hat ergeben, dass Veganer, die regelmäßig Meeresalgen zu sich nahmen, einen doppelt so hohen Vitamin-B12-Spiegel zeigten wie Veganer, die keine Algen aßen, so dass die Forscher schlussfolgerten, allein der Verzehr von Meeresgemüse könne die Versorgung mit ausreichend Vitamin B12 sicherstellen.

Für die oftmals zitierte Behauptung, das Vitamin B12 in Pflanzen sei kein echtes Vitamin B12, sondern ein so genanntes Analoga und könne vom Körper nicht verwertet werden, gibt es keinen wissenschaftlichen Nachweis. Viele Heilpraktiker und Naturheilärzte verwenden erfolgreich Algen wie Spirulina, Afa und Chlorella, um die Vitamin-B12-Werte ihrer Patienten nachhaltig zu verbessern. Man braucht sich also als Veganer auch über die Versorgung mit Vitamin B12 keine Sorgen zu machen (im Gegensatz zu den Menschen, die sich herkömmlich ernähren).

Aus der E-Mail eines Kunden an mich: *„Zu „meinen" B12-Werten: Sie wurden per Bluttest festgestellt. Ich hatte beim ersten Test 152pg/ml und nach der regelmäßigen Einnahme von Afa Algen (ca. über 3 Monate) einen wieder „normalen" B12-Spiegel von 199pg/ml. Meine Ernährung war – bis auf Spuren – rein vegan und hatte sich auch nicht verändert."*

Fazit: Ein vollwertig lebender Veganer kann sich durch bestimmte Pflanzen mit zusätzlichem Vitamin B12 versorgen. Dies ist aber normalerweise nicht nötig.

Krank durch tierisches Eiweiß

Man schätzt, dass ungefähr die Hälfte der deutschen Bevölkerung auf Kuhmilch allergisch reagiert, ohne es zu wissen. Diese Menschen haben eine Unverträglichkeit auf Milchzucker, welche alle möglichen Formen von körperlichen Beschwerden und Problemen verursachen kann. Zudem verschleimt Milch den Darm.

VEGANE ERNÄHRUNG

Krankheiten, die durch den Konsum von tierischem Eiweiß mitverursacht sein können, sind beispielsweise Übergewicht, Allergien, Gicht, Dickdarmkrebs, Krebs allgemein, Diabetes, Neurodermitis, Rheuma, Multiple Sklerose, Arthritis und Morbus Crohn. Demzufolge stellt sich bei diesen Leiden oft eine Besserung ein, wenn man ganz auf Fleisch und Milchprodukte verzichtet. Neurodermitis bei kleinen Kindern kann man in den meisten Fällen vollständig durch den Verzicht auf tierisches Eiweiß kurieren.

Bei der Umstellung auf eine vegane Ernährung kann man nach der Eingewöhnungsphase deutliche Veränderungen am eigenen Körper feststellen: Man fühlt sich leichter, hat mehr Energie und Elan. Alleine das zeigt schon, dass diese Ernährungsform gut für unsere Gesundheit ist. Hier einige Fakten zum Verzehr von Milchprodukten und tierischem Eiweiß:

- Die Länder, in denen am meisten Milchprodukte verzehrt werden, sind Finnland, Schweden, die USA und England. Diese Länder sind gleichzeitig die Länder mit der weltweit höchsten Osteoporose-Rate.

- Eskimos, die sich fast ausschließlich von Fisch und Fleisch ernähren, haben eine extrem hohe Zahl an Osteoporose-Erkrankungen und die weltweit geringste Lebenserwartung.

- Die Kulturen mit der höchsten Lebenserwartung der Welt sind die Vilcabambanen in Ecuador, die Abkhasianer am schwarzen Meer und die Hunza in Nordpakistan. Alle diese Völker ernähren sich entweder vollständig oder nahezu vollkommen vegetarisch.

- In Dänemark wurde während des ersten Weltkriegs aufgrund von Nahrungsmittelknappheit ein staatliches Programm ins Leben gerufen, welches den Verzehr von Fleisch untersagte. In genau diesem Zeitraum ging die Todesrate um 34 Prozent zurück. Nach dem Ende des Programms stieg die Krankheits- und Todesrate wieder drastisch an.*

*aus: John Robbins, „Food Revolution", „Ernährung für ein neues Jahrtausend"

**Aus dem Buch „China Study"
von Professor Dr. T. Colin Campbell:**

„Die jetzigen wissenschaftlichen Belege, von Forschern auf der ganzen Welt zusammen getragen, zeigen, dass die gleiche Ernährung, die für die Krebsprävention gut ist, genauso gut für die Prävention von Herzerkrankungen ist, genauso gut wie für Adipositas, Diabetes, Katarakt (Linsentrübung), Makuladegeneration, Alzheimer, kognitive Störungen, Multiple Sklerose, Osteoporose und andere Erkrankungen. Darüber hinaus kann diese Ernährung jedem nützen, unabhängig von der jeweiligen genetischen Veranlagung oder der persönlichen Disposition. Allen diesen Erkrankungen, und vielen anderen, liegt dieselbe Ursache zugrunde: Eine ungesunde, grösstenteils toxische Ernährungs- und Lebensweise, die einen Überschuss von krankheitsfördernden Faktoren und einen Mangel an gesundheitsfördernden Faktoren aufweist; in anderen Worten ausgedrückt: Die westliche Ernährung. In umgekehrter Richtung gibt es eine Ernährungsform, die allen diesen Krankheiten entgegenwirkt: Eine Ernährung, die auf vollwertigen Nahrungsmitteln pflanzlichen Ursprungs basiert."

Der Säure-Basen-Haushalt

Viele Experten sehen eine Übersäuerung unseres Organismus als Hauptursache für alle Zivilisationskrankheiten an. Unser Körper braucht einen ausgeglichenen Säure-Basen-Haushalt, um gesund zu sein. Deshalb sollte man ungefähr 80 Prozent basenbildende und nur 20 Prozent säurebildende Lebensmittel zu sich nehmen.

Basenbildende Lebensmittel sind hauptsächlich Obst, Gemüse, Kartoffeln, Keimlinge und Kräuter. Säurebildend sind erhitzte Fette, Fast Food, Fleisch, Fisch, Milchprodukte, Eier, Zucker, Weißmehl, Brot, Hülsenfrüchte und Nüsse. Durch die Zuführung von hauptsächlich säurebildender Nahrung entstehen bei der Verdauung im Magen und Dünndarm als Abfallprodukt ätzende Säuren, die der Organismus durch Basen (Laugen) neutralisieren muss, um keine Schädigungen zu erleiden. Um diese Basen herzustellen, braucht der Körper Mineralien, die er zu einem großen Teil dem Haarboden und den Knochen entnimmt. Folgen sind Haarausfall und eine Degeneration der Knochen (z.B. Osteoporose). Als Abfallprodukt bei diesem Prozess entstehen Salzschlacken, die den Organismus auf nachhaltige Weise belasten. Das sind zum Beispiel Gallen- und Nierensteine.

VEGANE ERNÄHRUNG

Alle modernen Zivilisationskrankheiten sind auf eine Übersäuerung und somit auf eine Entmineralisierung sowie Verschlackung des Organismus zurückzuführen. Natürlich ist nicht nur eine ungesunde Ernährung für die Übersäuerung verantwortlich, sondern auch andere Faktoren wie Stress und Elektrosmog. Aus diesen Gründen ist eine basen- und mineralienreiche Ernährung unerlässlich für eine gute Gesundheit.

Die Magen-Darm-Flora

Unser Darm ist gewissermaßen das Zentrum unserer Gesundheit. Ohne einen gesunden Darm gibt es auch keinen gesunden Körper. Produkte wie Fleisch, Fisch und Eier enthalten Millionen von Fäulnisbakterien, die auf Dauer die so wichtige Darmflora zerstören.

Nach dem Töten eines Tieres setzt sofort der Verwesungsprozess ein, unabhängig davon, ob das Fleisch gekühlt oder konserviert wird. Je älter das Fleischstück ist, desto mehr Fäulnisbakterien bilden sich. Außerdem verweilen Fleisch und Fisch bis zu 60 Stunden im Darm, bis sie ausgeschieden werden, während Obst und Gemüse nur 4 bzw. 18 Stunden im Darm verbleiben und aus diesem Grunde viel leichter verdaulich sind. Die Ballaststoffe, die in Obst und Gemüse enthalten sind, wirken wie ein Besen im Darm und haben eine wichtige Reinigungsfunktion.

Zur weiteren Information kann ich Dir wärmstens empfehlen: Die Bücher „China Study" von Campbell, „Peace Food" von Dahlke und die DVD „Gabel statt Skalpell".

LEBENSMITTEL AUS BIOLOGISCHEM ANBAU

Ich empfehle Dir, ausschließlich Lebensmittel aus kontrolliert biologischem Anbau einzukaufen, da viele konventionelle Nahrungsmittel mittlerweile so sehr mit Schadstoffen belastet sind, dass der Verzehr ein Gesundheitsrisiko darstellt. Bei Stichproben in Supermärkten werden immer wieder starke Pestizidbelastungen bei herkömmlichem Obst und Gemüse festgestellt. Hinzu kommt, dass bei konventionellem Obst und Gemüse radioaktive Bestrahlung erlaubt ist und diese Produkte kaum noch Vitamine und Mineralien enthalten. Dies wiederum hängt mit der Tatsache zusammen, dass die Böden in der konventionellen Landwirtschaft völlig ausgelaugt sind und in den letzten 100 Jahren ungefähr 75 Prozent ihrer Mineralien verloren haben. Mit Kunstdünger wächst eben alles und man gibt dem Boden nicht mehr, wie früher, organische Materialien zurück. Das hat zur Folge, dass die Pflanzen, die auf diesen Böden wachsen, keine Mineralien aufnehmen können und somit sehr schwach und anfällig sind. Sie sind also ein leichtes Opfer für Pilze und Insekten, die lediglich die natürliche Aufgabe haben, die lebensuntauglichen Zuchtpflanzen aus dem Ökosystem zu entfernen. Aus diesem Grunde können diese Pflanzenschwächlinge nur durch massiven Pestizideinsatz überleben. Es ist logisch, dass eine Pflanze, die hauptsächlich aus Wasser besteht und kaum noch Vitamine und Mineralien enthält, uns keine Energie liefern kann! Außerdem werden immer mehr Sorten gezüchtet, die äußerlich gut aussehen, aber keine Nährstoffe mehr enthalten. Je weniger Geschmack ein Apfel hat, desto weniger Mineralien und Vitamine enthält er.

Im konventionellen Anbau werden immer mehr gentechnisch manipulierte Pflanzen eingesetzt, die im Verdacht stehen, massiv Allergien und Immunstörungen zu verursachen. Der Einsatz von Gentechnik, Kunstdünger und Pestiziden ist im Biolandbau verboten. Wenn wir biologische Lebensmittel einkaufen, tun wir nicht nur etwas für unsere Gesundheit, sondern auch für unsere Erde, denn je mehr Menschen Bio-Lebensmittel kaufen, desto mehr Landwirte können auf biologischen Landbau umstellen.

Es ist unvorstellbar, dass die ständige Verseuchung unseres Grundwassers und unserer Böden durch die moderne Landwirtschaft akzeptiert wird. Der einzige Grund, warum dagegen von amtlicher Seite nichts unternommen wird, ist der politische Einfluss der milliardenschweren Chemiekonzerne, die natürlich nicht auf ihre Gewinne verzichten wollen. Die gute Nachricht: Mittlerweile kaufen 15 Prozent der Deutschen fast ausschließlich Bioprodukte und der Umsatz der Naturkostbranche wächst jährlich.

Ich höre in Bezug auf Naturkost oft den Einwand: „Das ist so teuer!" Dazu möchte ich Folgendes sagen: Erstens: Gute Lebensmittel haben ihren Preis. Die Nahrung, die fast nichts kostet, hat auch keinen Wert. Das weiß jeder, der sein Gemüse selbst anbaut. Zweitens: Man

VEGANE ERNÄHRUNG

hat eine Studie über die durchschnittlichen Ausgaben einer sich biologisch ernährenden Familie und einer sich konventionell ernährenden Familie gemacht und herausgefunden, dass die Ausgaben der Bio-Familie für Ernährung im Durchschnitt pro Monat sogar niedriger liegen als bei der Normalfamilie. Das hängt damit zusammen, dass die Bio-Familie weniger essen geht, weniger Süßigkeiten, gesüßte Getränke, Snacks, Fleisch, Käse kauft und insgesamt geringere Mengen an Lebensmitteln braucht, da das Bioessen gehaltvoller ist und schneller satt macht. Außerdem sollten wir uns darüber im Klaren sein, welche Folgekosten wir später für die Wiederherstellung unserer Gesundheit zu zahlen haben, nur weil wir meinen, jetzt billiges Essen kaufen zu müssen.

DER SPIRITUELLE ASPEKT DER NAHRUNG

Der aus meiner Sicht wichtigste Aspekt der Nahrung ist die energetische Wertigkeit von Lebensmitteln. Alles, was auf dieser Erde existiert, besitzt eine bestimmte Schwingungsfrequenz oder auch Information. Diese Information kann entweder aufbauend, neutral oder zerstörerisch sein. Du kennst das sicherlich aus Begegnungen mit Menschen, die schlecht gelaunt oder negativ eingestellt sind. Waren wir mit einer solchen Person zusammen, so fühlen wir uns danach normalerweise schlecht oder schwach. Waren wir dagegen mit einer fröhlichen, aufbauenden Person zusammen, so fühlen wir uns danach besser. Das hängt einfach damit zusammen, dass sich die Schwingung dieser Person auf unser Energiefeld übertragen hat. Genau dasselbe passiert beim Essen. Nehmen wir eine hochschwingende, vitale Nahrung zu uns, so wird unser System gestärkt. Nehmen wir Fast Food zu uns, so wird unser System geschwächt. Das ist auch der Fall, wenn wir es nicht merken, weil wir schon so an diese Art von Nahrung gewöhnt sind.

Mein Sohn Makaio genießt gerade eine selbst geerntete Pflaume.

Mit anderen Worten: **Tote Nahrung tötet, lebendige Nahrung schenkt Leben.** Die größten Wahrheiten sind meistens so einfach, dass sie leicht übersehen werden.

Mittlerweile kann man schon das Leuchten oder die Energieabstrahlung von Lebensmitteln physikalisch messen. Dabei wurde festgestellt, dass zum Beispiel die Lichtemission von Biotomaten viel größer ist als die konventioneller Tomaten. **Je mehr positive, aufbauende Informationen wir unserem Körper zuführen, desto gesünder sind wir.**

Im Folgenden möchte ich anhand einiger Beispiele zeigen, welche Wirkung unterschiedliche Nahrungsmittel auf uns haben:

Die Mikrowelle zerstört die Struktur des Essens. Nehmen wir dieses zu uns, dann bekommt unser System chaotische Informationen, mit denen es nicht umgehen kann.
Bevor eine Kuh in einem Schlachthaus getötet wird, ist sie voller Angst und Panik. Diese Energie ist genau in dem Stück Fleisch enthalten, welches von der Kuh kommt, und wird dann von demjenigen aufgenommen, der dieses Fleisch isst. Wenn wir hingegen Wildkräuter essen, die naturgemäß voller Lebenskraft und Vitalität stecken, dann nehmen wir genau diese Vitalität auf.

Der Mensch ist, was er isst. Man hat Fleisch und weißen Zucker vom Speiseplan aggressiver Schwerverbrecher in amerikanischen Gefängnissen gestrichen, und sie wurden innerhalb kürzester Zeit völlig friedlich. Wenn ich Gerichte auf liebevolle Art zubereite, dann überträgt sich meine Liebe auf das Essen und alle, die diese Nahrung zu sich nehmen, nehmen die Liebesenergie in sich auf. All diese Beispiele rufen uns dazu auf, achtsamer mit uns und dem Leben umzugehen und den natürlichen Gesetzen zu folgen. **Je mehr sich der Mensch von der Natur entfernt, desto mehr leidet seine Gesundheit.**

VERZICHT

Zu guter Letzt: Viele Menschen glauben, dass eine vegane Ernährung mit einem großen Verzicht verbunden ist. „Was kann man denn dann noch essen?" Die Menschen, die zum ersten Mal eine Woche lang täglich von mir mit rein pflanzlicher Vollwertkost versorgt werden, stellten fest, dass diese Kost viel abwechslungsreicher und vielfältiger ist als die gutbürgerliche deutsche Küche. Ich habe so viele selbst entwickelte vegane Rezepte, dass ich mehrere neue Bücher damit füllen könnte (was auch geschehen wird).

VEGANE ERNÄHRUNG

Man stelle sich vor: Es gibt mindestens 50 verschiedene allgemein bekannte Gemüsesorten – hinzu kommen noch viele, vor allem alte, unbekannte Sorten – 30 verschiedene Obstsorten, 20 verschiedene Getreidesorten, 20 verschiedene Hülsenfrüchte, 10 verschiedene Sorten Nüsse, unzählige Kräuter, Salate, Pilze, Gewürze, Sojaprodukte und vieles mehr – all das kann unendlich oft miteinander kombiniert werden... Man muss das vegane Essen nur kennen und sich damit beschäftigen. Dazu habe ich dieses Kochbuch entwickelt!

Fazit: Ich habe immer wieder die Erfahrung gemacht, dass die Dinge, die auf eine ganzheitliche Weise positiv für die Welt sind und die sich im Einklang mit den Lebensgesetzen befinden, grundsätzlich nie Nachteile haben. Sie sind immer auf allen Ebenen gut. Wenn sich etwas in einem Bereich positiv auswirkt, dafür aber in anderen Bereichen schädlich ist, dann ist es nicht wirklich ganzheitlich.

Genau so ist es mit einer rein pflanzlichen Ernährung. Sie ist heilsam für die Erde, für Menschen und Tiere. Sie hat keinerlei Nachteile, schon gar nicht für unsere Gesundheit, wie ich es bereits ausführlich dargestellt habe. Probiere es aus! Setze Dich damit nicht unter Druck, sondern tue einfach das, was Dir gut tut. Jeder Schritt in die richtige Richtung bringt positive Effekte für Dein Leben und für unsere Erde.

BASISWISSEN VEGANE KÜCHE

Es gibt mittlerweile viele Produkte, die Fleisch, Eier und Milch so ersetzen können, dass man ein pflanzliches Essen zaubern kann, ohne dass die Gäste merken, dass es ein solches ist.

Ich habe einmal für eine Gruppe gekocht, die bei mir vegetarisches Essen bestellt hatte und denen ich nichts darüber sagte, dass ich weder Eier noch Käse und sonstige Milchprodukte verwende. Keiner hat irgendetwas bemerkt. Nach 5 Tagen kam eine Seminarteilnehmerin zu mir und fragte mich vorsichtig: „Sag mal, kochst du vegan?"

Zum Süßen verwenden wir Agavendicksaft, Vollrohrzucker (kein Rohrzucker oder Rohrohrzucker, weil dieser nicht mehr natürlich ist), Ahornsirup, Reissirup, Apfel- oder Birnendicksaft, Stevia, Xylit und ähnliche natürliche Süßungsmittel.

Ein idealer Ei-Ersatz ist Sojamehl. Es kann in allen Kuchen, Waffeln, Bratlingen, Pfannkuchen und Quiches verwendet werden, so dass diese nicht auseinanderfallen. Hierbei nimmt man statt einem Ei einen gehäuften Esslöffel Sojamehl. Das Sojamehl bindet zwar, macht aber den Teig nicht lockerer. Statt Milch nehmen wir Soja- oder Getreidemilch. Aus diesen veganen Milchgetränken kann man genauso einen Pudding machen wie aus Kuhmilch. Butter ersetzen wir durch eine biologische, ungehärtete Pflanzenmargarine. Normale Sahne kann durch Sojasahne oder Hafersahne ersetzt werden. Beide können in Soßen, Suppen, Cremes und für Desserts verwendet werden. Es gibt auch Sojasahne, die aufschlagbar ist. Anstelle von Kuhmilchjoghurt können wir Sojajoghurt verwenden, den man auch selbst aus Sojamilch und entsprechenden Kulturen herstellen kann. Aus Tofu und Sojasahne können wir eine Creme mixen, die eine ähnliche Konsistenz wie Quark besitzt.

Tofu gewinnt man, indem man Sojamilch zum Gerinnen bringt und den daraus erhaltenen Bruch zusammenpresst. Tofu gibt es als Tofu natur (auch für süße Speisen zu verwenden) und in vielen anderen Variationen wie Räuchertofu, Kräutertofu und Haselnusstofu. Statt Speck kann man gebratenen Räuchertofu nehmen. Gulasch und Gehacktes können durch Seitanprodukte und Sojagranulat ersetzt werden. Statt Käse zum Überbacken können wir ungesüßte Cornflakes verwenden. Die genaue Verwendung findest Du im Lasagnerezept auf Seite 68.

Wer Sojaprodukte nicht verträgt oder nicht verwenden möchte, kann anstelle von Tofu Lupinenprodukte (aus einheimischen Süßlupinen hergestellt) oder Seitanprodukte (aus Weizeneiweiß gewonnen) einsetzen. Statt Sojasahne kann man auch Hafersahne und statt Sojamilch Reis-, Hafer-, Dinkel- oder Mandelmilch verwenden.

Wir streichen das schädliche Speisesalz (Natriumchlorid) von unserem Speisezettel und verwenden stattdessen unjodiertes, natürliches Meersalz, Steinsalz oder Himalayasalz. Das raffinierte Speisesalz und künstliches Jod sind entgegen der herkömmlichen Meinung körperschädliche Gifte.

VEGANE ERNÄHRUNG

Es gibt noch viele andere Variationen und Ideen, konventionelles Essen zu ersetzen, jedoch möchte ich hier ausdrücklich betonen, dass dies absolut nicht notwendig ist. Wir können natürlich viele Gerichte zaubern, die unserer gewohnten Küche nicht ähneln. Viele Menschen sind jedoch dankbar dafür, wenn ihnen Wege gezeigt werden, sich gesund zu ernähren, ohne gleichzeitig auf alle gewohnten Speisen verzichten zu müssen.

Ich habe kürzlich mit einer Frau gesprochen, die in einer Gesundheitswoche mein Essen kennen lernte und mir begeistert erzählte, dass sie weiterhin ihr traditionelles Essen zubereitet, aber rein pflanzlich. So gibt es bei ihr zum Beispiel Biokartoffeln mit frischem Biosauerkraut und Tofuwürstchen – und die Familie ist zufrieden!

Eine pflanzliche Vollwertkost ist auch für Menschen geeignet, die glauben, sich nicht gesund ernähren zu können, weil sie durch ihren Beruf so wenig Zeit haben. Auch ich habe einen sehr intensiven Arbeitstag, bereite mir aber jeden Tag wundervolle Mahlzeiten, die einfach sind, superlecker schmecken und mir gleichzeitig Energie geben. Und vor allem: Sie sind schnell zubereitet.

VEGANE KOCHKUNST

Ein gutes Essen zeichnet sich dadurch aus, dass es harmonisch und ausgewogen auf allen Ebenen ist. Ein Koch sollte meiner Ansicht nach anstreben, die Vollkommenheit der Natur beim Essen zu erreichen. Dieses Essen sollte eine harmonische Balance zwischen süß und salzig, bitter und sauer sein. Was unseren Gaumen bei einer Mahlzeit außerdem befriedigt, ist eine Harmonie zwischen knackig und weich, zwischen fest und wässrig, zwischen kräftig und leicht, zwischen fruchtig und mehlig. Außerdem sollte sie gesund, wohlschmeckend, bekömmlich und eine Freude für alle Sinne sein.

Es ist faszinierend, welche wunderschönen Farben und Formen die Natur hervorbringt. Alleine das Orange und die Struktur einer aufgeschnittenen Möhre ist vollkommen. So sind natürlich auch die Präsentation eines Gerichts und die farbliche Kombination der Zutaten sehr wichtig. Denn auch unsere Augen entscheiden schon darüber, ob uns eine Speise gefällt oder nicht. All diese Dinge lassen sich nur mit frischer und natürlicher Nahrung erreichen, niemals mit Fabrikkonserven.

Zu den Mengenangaben für das Kräutersalz möchte ich noch anmerken, dass diese sich immer auf mein selbstgemachtes Kräutersalz beziehen. Wenn Du jetzt gekauftes Kräutersalz verwendest, dann könnte der Salzgehalt dieses Salzes höher liegen. **Also das im Handel erworbene Kräutersalz vorsichtshalber sparsamer dosieren!**

Bei den Hauptgerichten habe ich verschiedene Menüs zusammengestellt. Dies sollte lediglich eine Anregung sein. Du kannst die einzelnen Rezepte natürlich frei miteinander kombinieren.

Nun wünsche ich Dir viel Freude mit Deinem veganen Kochbuch, beim Nachkochen, Ausprobieren und möglicherweise beim Entwickeln Deiner eigenen Kreationen!

WARENKUNDE

Alle Zutaten sind in Naturkostfachgeschäften, Reformhäusern und teilweise in Supermärkten erhältlich. Sie sollten aus Bio-Anbau stammen.

AGAVENDICKSAFT

Agavendicksaft wird aus dem Saft der Agave gewonnen und anschließend eingedickt. Der goldgelbe und flüssige Saft ist hervorragend als Süßungsmittel geeignet, da er einen neutralen Geschmack hat. Er kann auch von Diabetikern verwendet werden.

AMARANTH

Amaranth wird auch das Wunderkorn der Inkas genannt. Amaranthsamen sind getreideähnliche Körner, die viel Kalzium, Magnesium, Eisen und hochwertiges Eiweiß enthalten und gekocht sowie gepoppt verwendet werden.

ÄTHERISCHE ÖLE

Es gibt viele ätherische Öle, die auch in der Küche verwendet werden können. Dies ist jedoch nur für experimentierfreudige Köche geeignet, da ein Tropfen zuviel ein ganzes Gericht verderben kann! Eine Ausnahme bilden die Zitrusöle wie Zitronenöl, Orangenöl und Mandarinenöl. Die ätherischen Öle sollten unbedingt aus biologischem Anbau stammen.

BRATÖL

Bratöl ist ein Öl aus speziell gezüchteten Sonnenblumenkernen, welches genau wie ungehärtetes Kokosfett besonders hitzestabil ist und deshalb zum Braten und Frittieren verwendet werden kann.

BULGUR

Bulgur wird aus grob geschrotetem Hartweizen hergestellt, der sorgfältig gedämpft wird. Er ist eine leicht bekömmliche Beilage wie Reis oder Nudeln.

CURRYPASTE
Currypaste ist ein wundervolles Würzmittel aus verschiedenen Gewürzen und Öl. Man kann sie für alle curryähnlichen Gerichte verwenden.

DINKEL
Die Urform des heutigen Weizens, die allgemein verträglicher als Weizen ist und einen nussigen Geschmack hat.

DINKELMILCH
Dinkelmilch wird aus Dinkel und Wasser hergestellt und besitzt durch Fermentation einen süßlichen Geschmack. Mein Favorit.

GEMÜSEBRÜHE
Ein salziges Pulver mit Hefeextrakt und Gemüse, welches man als Würzmittel für gekochtes Gemüse, Suppen und Soßen verwenden kann. Am besten nur im Biohandel kaufen, da es selbst im Reformhaus Gemüsebrühen gibt, denen Geschmacksverstärker zugesetzt wurde.

GRÜNKERN
Frühreif geernteter Dinkel, welcher über Buchenholz geräuchert wurde. Die Körner sind grün und haben einen sehr herzhaften Geschmack. Eine deutsche Spezialität, die man kaum in anderen Ländern findet.

HAFERMILCH
Hafermilch wird aus Hafer und Wasser hergestellt und kann als Alternative zu Sojamilch verwendet werden.

HAFERSAHNE
Hafersahne wird aus Hafer hergestellt und ist eine Alternative zu herkömmlicher Sahne und Sojasahne.

HANFSAMEN
Hanfsamen gehören zu den nährstoffreichsten Lebensmitteln überhaupt, sie enthalten wertvolles Eiweiß und Fette in idealer Kombination. Die Samen der Hanfpflanze sind frei von anregenden Substanzen und können in vielen Gerichten verwendet werden. Sie sind ungefähr so groß wie ein Apfelkern, aber rund und besitzen eine graue Farbe. Geschält sind sie grünlich.

WARENKUNDE

HEFEFLOCKEN
Hefeflocken sind ein salzfreies Würzmittel mit herzhaftem Geschmack, welches hervorragend für Salate verwendet werden kann. Sie enthalten viele B-Vitamine und sollten deshalb warmen Speisen nur am Schluss zugefügt werden, so dass sie ihre Nährstoffe nicht verlieren.

HOKKAIDOKÜRBIS
Japanischer Gemüsekürbis. Wird ungefähr so groß wie eine Wassermelone und besitzt eine orange oder grüne Schale. Das Fruchtfleisch ist bei beiden Sorten orange und von festerer und mehliger Konsistenz als bei den normalen Speisekürbissen. Ein vielseitig verwendbares und wohlschmeckendes Gemüse.

KRÄUTERSALZ
Kräutersalz ist ein Gewürzsalz, welches aus Natursalz und gemahlenen Kräutern besteht. Man kann es zum Salzen fast aller Gerichte verwenden, da man weniger Salz braucht und gleichzeitig die gesunde Würze der Kräuter dem Essen zufügt. Ich stelle mein Kräutersalz selbst aus mindestens 12 verschiedenen Kräutern her (siehe Seite 37).

KRISTALLSALZ
Dieses Salz ist besonders unter dem Namen Himalaya-Kristallsalz bekannt geworden. Es ist ein natürliches Salz mit vielen lebenswichtigen Mineralien, welches meistens eine orange Farbe besitzt und im Rohzustand wie ein Kristall aussieht. Es ist Millionen von Jahre alt und besitzt eine besonders hohe Ordnungsstruktur für den menschlichen Körper.

MAISSTÄRKE
Maisstärke eignet sich wunderbar zum Andicken von Suppen, Soßen, Puddings und Cremes.

MARGARINE
Margarine wird in der veganen Küche anstelle von Butter verwendet. Es sollte darauf geachtet werden, dass nur Bio-Margarine aus naturbelassenen, ungehärteten Fetten gekauft wird, da konventionelle Margarinen mit vielen Zusatzstoffen versehen werden und raffinierte Fette enthalten, die gesundheitsschädlich sind.

MEERSALZ
Meersalz wird traditionell aus dem Meer gewonnen und ist reich an Mineralien. Es wird genauso wie Kristallsalz und unbehandeltes Steinsalz in der Vollwertküche verwendet.

PASTINAKE
Ein altes deutsches Wurzelgemüse, welches man am ehesten als eine Mischung aus Möhre und Sellerie bezeichnen könnte. Pastinaken sind weiß, größer als Möhren und haben einen süßlich-würzigen Geschmack. Sehr lecker.

PETERSILIENWURZEL
Die Petersilienwurzel sieht der Pastinake sehr ähnlich, hat aber ein festeres Fleisch. Das Grün ist identisch mit Petersilienkraut und kann genauso verwendet werden. Die Petersilienwurzel besitzt den Geschmack der Petersilie, kombiniert mit einer feinen Süße.

QUINOA
Quinoa ist ein altes, sehr nährstoffreiches Getreide aus Südamerika mit winzigen Körnern. Mehr Informationen über die Wirkung von Quinoa findest Du auf Seite 56.

REISMILCH
Reismilch wird aus Reis und Wasser hergestellt und besitzt durch die Fermentation des Reises einen natürlich süßen Geschmack. Sie kann anstelle von Sojamilch verwendet werden und schmeckt hervorragend als Getränk.

REISSIRUP
Natürliches Süßungsmittel, welches aus Naturreis gewonnen wird.

SEITAN
Seitan wird aus dem Gluten (Klebereiweiß) des Weizens gewonnen und ist somit sehr eiweißhaltig. Es besitzt eine fleischähnliche Konsistenz und ist ein wundervoller Fleischersatz. Man kann es selbst herstellen, sollte dafür aber viel Zeit mitbringen.

SOJABOHNEN
Die gelbe, runde Sojabohne ist die Basis für alle Sojaprodukte, die vielfältige Verwendung in der veganen Küche finden. Sie ist besonders im asiatischen Raum seit Jahrtausenden ein Grundnahrungsmittel. Mehr Informationen über die Wirkung von Soja findest Du auf Seite 91.

WARENKUNDE

SOJAMILCH

Sojamilch wird aus Sojabohnen und Wasser hergestellt und ist ein hervorragender Milchersatz. Man kann sie für alle Gerichte verwenden, die in der herkömmlichen Küche mit Kuhmilch hergestellt werden, wie zum Beispiel Puddings, Cremes und Soßen. Die Eigenschaften sind ähnlich wie bei der Kuhmilch – so kann Sojamilch auch überkochen, wenn man Pudding zubereitet. Die Farbe ist allerdings nicht rein weiß wie bei der Milch, sondern gelblich-grau. Zum direkten Trinken würde ich sie aus Geschmacksgründen nicht empfehlen, da sind Varianten wie Dinkelmilch, Hafer- oder Reismilch leckerer.

SOJAJOGHURT

Sojajoghurt wird genauso wie Milchjoghurt hergestellt, indem man Sojamilch mit Joghurtkulturen impft. Dies kann man auch leicht selbst machen. Die Joghurtkulturen sind im Biofachhandel oder Reformhaus erhältlich und enthalten eine ausführliche Anleitung zur Herstellung von Sojajoghurt.

SOJASAHNE
Sojasahne wird wie Sahne aus Kuhmilch zum Kochen und Backen verwendet. Mittlerweile gibt es sogar eine Variante, die aufschlagbar ist.

SOJAFLEISCH
Sojafleisch oder Sojagranulat wird auch aus Sojabohnen gewonnen und eignet sich, entsprechend gewürzt, hervorragend als Fleischersatz.

SOJAMEHL
Sojamehl wird aus gerösteten und gemahlenen Sojabohnen hergestellt. Es ist ein idealer Ersatz für Eier, der Speisen wie Bratlingen, Kuchen, Gebäck und Pfannkuchen zugefügt wird, so dass diese nicht auseinanderfallen. Sojamehl bindet, aber es lockert nicht, wie dies bei Eiern der Fall ist. Ein Esslöffel Sojamehl entspricht der Bindefähigkeit von einem Ei.

SOJASOßE
Sojasoße, je nach Art Shoyu oder Tamari genannt, ist eine dunkelbraune, salzige Würzsoße, die aus Sojabohnen, Wasser sowie einem speziellen Ferment hergestellt wird und bis zu 3 Jahren in Holzfässern reift.

STEVIA
Stevia ist eine Pflanze aus Südamerika, die eine 30-mal höhere Süßkraft als Zucker besitzt und sich durch viele gesundheitsfördernde Eigenschaften wie Senkung des Blutzuckerspiegels und des Blutdrucks auszeichnet. Mit einigen Tropfen des flüssigen Extrakts aus dieser Pflanze, die von Fachleuten als das Süßungsmittel der Zukunft gesehen wird, kann man ein ganzes Gericht süßen.

SÜßKARTOFFELN
Orangefarbige Knollen, die gekocht eine ähnliche Konsistenz wie Kartoffeln besitzen und süßlich schmecken. Sie wachsen in südlichen Ländern und können als Gemüse gegessen werden.

TAHIN
Tahin besteht aus geröstetem und gemahlenem Sesam. Es besitzt eine cremige Konsistenz und kann als Brotaufstrich oder Würzmittel verwendet werden.

TEMPEH
Eine asiatische Spezialität aus fermentierten, mit einem speziellen Pilz geimpften Sojabohnen.

WARENKUNDE

Mein Sohn Makaio lebt von Geburt an vegan – er ist ein wahres Energiebündel.

TOFU
Tofu wird gewonnen, indem man Sojamilch zum Gerinnen bringt und den Bruch zu Blöcken presst. So könnte man den Tofu auch Soja-Frischkäse nennen. Es gibt unzählige Tofuvarianten wie Tofu natur, Räuchertofu, Haselnusstofu, Tofu Provencal, Tofuwürstchen und Tofuaufschnitt. Tofu natur ist geschmacksneutral und lässt sich sowohl in süßen als auch in herzhaften Gerichten verwenden. Er schmeckt also genauso, wie man ihn würzt. Wenn man Tofu natur mit Sojasahne und etwas Zitronensaft fein mixt, erhält man Tofuquark, der sich genauso wie normaler Quark verwenden lässt.

VEGANE MAJO
Eine eifreie Mayonnaise, die für Salatsoßen, Dressings und viele herzhafte Gerichte verwendet werden kann.

VEGANE REMOULADE
Eine eifreie Remoulade, die für Salatsoßen, Dressings und viele herzhafte Gerichte verwendet werden kann.

VOLLROHRZUCKER
Vollrohrzucker ist ein natürliches Süßungsmittel aus Zuckerrohrsaft, der getrocknet und anschließend vermahlen wird. Es entsteht ein braunes Pulver, welches mineralstoffreich ist und eine angenehme, milde Süße besitzt. Brauner Zucker, der im Gegensatz zum Vollrohrzucker glänzende Kristalle besitzt, ist raffiniert und damit genauso gesundheitsschädlich wie weißer Zucker. Vollrohrzucker eignet sich nicht für helle Speisen wie Zitronenjoghurt, da er diese dunkel färbt.

WILDREIS
Ursprünglich wildwachsende Wasserpflanze mit langen schwarzen Körnern und nussigem Aroma. Wildreis schmeckt hervorragend, wenn man ihn mit Naturreis im Verhältnis 1:3 mischt.

ZARTBITTERKUVERTÜRE
Biologische Zartbitterkuvertüre ist meistens frei von Milchprodukten und kann deshalb als Schokolade für vegane Nachspeisen verwendet werden. Darauf achten, dass sie keinen gesundheitsschädlichen Rohrohrzucker enthält. Eine Alternative ist vegane Rohkostschokolade, die mit Kokosblütennektar gesüßt wurde.

GEWÜRZE

KRÄUTERSALZ GOURMET

1 kg Natursalz
(Meersalz, Kristallsalz, Steinsalz)
6 EL Majoran
2 EL Dill
20 Lorbeerblätter
2 EL Koriandersamen
6 EL Petersilie, gerebelt
6 EL Selleriekraut, gerebelt
4 EL Thymian
2 EL Liebstöckl
6 EL Bohnenkraut
6 EL Kerbel
2 EL Knoblauch, getrocknet

Ich mache mein Kräutersalz seit Jahren selbst, und zwar immer in großen Mengen. So kann ich genau die Geschmacksrichtung erzeugen, die ich will, und mein Kräutersalz ist immer frisch. Auf diese Weise bringt man beim Salzen gleichzeitig die wundervollen Eigenschaften der Kräuter ins Essen. Und dieses Kräutersalz schmeckt unnachahmlich gut!

Alle Zutaten trocken vermischen und dann in einem Mixer fein mahlen. Nur getrocknete Kräuter verwenden!

ÄTHERISCHES THAI-WÜRZÖL

50 ml natives Sesamöl
3 Tropfen Zitrone
1 Tropfen Zimt
2 Tropfen Koriander
1 Tropfen Ingwer
1 Tropfen Lemongras

Das Würzen mit Aromaölen ist eine besondere Kunst. Hier eine Mischung, die es mir besonders angetan hat. Dieses Öl sollte nur nach dem Kochen hinzugefügt werden, da sich die Öle sonst verflüchtigen, oder für kalte Speisen wie Salate verwendet werden. Die Zutaten sind Sesamöl und reine, biologische ätherische Öle. Das Würzöl nur tropfenweise verwenden!

Ein kleines Braunglasfläschchen (erhältlich in jeder Apotheke) mit Sesamöl füllen und die ätherischen Öle hineinträufeln. Schütteln.

GRUNDREZEPTE GETREIDE

Alle Grundrezepte sind für 4 Personen. Bei 200 g Getreide und einem Wasserverhältnis von beispielsweise 1:2,5 nimmt man 200 mal 2,5, also 500 ml Wasser. Bei 400 g Getreide würde man entsprechend 1000 ml Wasser nehmen.

WEIZEN

200 g Weizen, Wasserverhältnis 1:2,5. Einweichzeit 5 bis 10 Stunden, Kochzeit 60 Minuten, dann nachquellen lassen. Im Einweichwasser kochen. Zuerst den Weizen aufkochen lassen und auf der kleinsten Flamme weiterköcheln. Einen halben Teelöffel Meersalz hinzufügen.

ROGGEN

200 g Roggen, Wasserverhältnis 1:3. Einweichzeit 5 bis 10 Stunden, Kochzeit 90 Minuten. Zubereitung siehe Weizen.

GERSTE

200 g Gerste, Wasserverhältnis 1:2,5. Einweichzeit 5 bis 10 Stunden, Kochzeit 90 Minuten. Zubereitung siehe Weizen.

HAFER

200 g Hafer, Wasserverhältnis 1:2. Einweichzeit 3 bis 5 Stunden, Kochzeit 60 Minuten. Zubereitung siehe Weizen.

DINKEL

200 g Dinkel, Wasserverhältnis 1:2. Kochzeit 60 Minuten. Zusammen mit dem Wasser aufkochen. Dann auf kleiner Flamme köcheln lassen. Einen halben Teelöffel Meersalz hinzufügen.

GRÜNKERN

200 g Grünkern, Wasserverhältnis 1:2. Kochzeit 60 Minuten. Zubereitung siehe Dinkel.

REIS und ROTER REIS

280 g Naturreis, Wasserverhältnis 1:2. Kochzeit 45 Minuten. Zubereitung siehe Dinkel.

WILDREIS

200 g Wildreis, Wasserverhältnis 1:3. Kochzeit 55 Minuten. Zubereitung siehe Dinkel.

QUINOA

200 g Quinoa, Wasserverhältnis 1:2. Kochzeit 15 Minuten. Zubereitung siehe Dinkel.

BUCHWEIZEN

200 g Buchweizen, Wasserverhältnis 1:2. Kochzeit 20 Minuten. Wasser zum Kochen bringen, den Buchweizen hinzufügen und auf kleiner Flamme gar kochen. Einen halben Teelöffel Salz hinzufügen.

HIRSE

200 g Hirse, Wasserverhältnis 1:2,5. Kochzeit 10 Minuten, Nachquellzeit 30 Minuten. Zubereitung siehe Buchweizen. Hirse vorher waschen.

MAISGRIEß (POLENTA)

200 g Polenta, Wasserverhältnis 1:4. Kochzeit 10 Minuten. Wasser mit einem Teelöffel Gemüsebrühe zum Kochen bringen, die Polenta unter ständigem Rühren mit dem Schneebesen einrühren und 10 Minuten auf kleiner Flamme köcheln lassen.

BULGUR

280 g Bulgur, Wasserverhältnis 1:1,8. 5 Minuten kochen, dann 10 Minuten nachquellen lassen. Mit dem Schneebesen in kochendes Wasser einrühren. Zwei Esslöffel Gemüsebrühe hinzufügen.

BROT UND BRÖTCHEN

Ich liebe es, für meine Gäste frühmorgens Brötchen zu backen. Normalerweise esse ich keine Brötchen, außer meine selbstgebackenen. Sie sind die einzigen, die mir wirklich schmecken. Diese machen, im Gegensatz zu den konventionellen Frühstücksbrötchen, wirklich satt.

DINKELBRÖTCHEN

1 kg Dinkel, gemahlen
2 Päckchen Trockenhefe
3 EL Kräutersalz
650 ml lauwarmes Wasser

Bessere Brötchen hast Du nie gegessen!

Alle trockenen Zutaten miteinander vermischen und dann das Wasser hinzufügen. Zu einem Teig verkneten und zugedeckt eine halbe Stunde bei 50 Grad im Ofen gehen lassen. Anschließend Brötchen formen und auf einem gefetteten Backblech verteilen. 20 Minuten bei 200 Grad backen. Ergibt ungefähr 22 Brötchen, die auch eingefroren werden können. Für eine kleinere Anzahl einfach die Zutatenmenge halbieren.

HANFBRÖTCHEN

1 kg Dinkel, gemahlen
2 Päckchen Trockenhefe
80 g Hanfsamen
3 EL Kräutersalz
650 ml lauwarmes Wasser

Man kann sich mit veganem Essen sogar berauschen! Nein, diese Brötchen werden nicht geraucht, sie werden tatsächlich gegessen! Spaß beiseite: Die Hanfsamen sind THC-frei und äußerst nahrhaft. Sie enthalten alle acht für den menschlichen Körper essentiellen Aminosäuren. Als Proteinquelle sind Hanfsamen damit für den Menschen ideal. Das in den Samen enthaltene Öl wiederum besitzt ein Fettsäurespektrum, welches ebenfalls ideal für den menschlichen Körper ist.

Alle trockenen Zutaten miteinander vermischen und dann das Wasser hinzufügen. Zu einem Teig verkneten und zugedeckt eine halbe Stunde bei 50 Grad im Ofen gehen lassen. Anschließend Brötchen formen und auf einem gefetteten Backblech verteilen. 20 Minuten bei 200 Grad backen. Ergibt ungefähr 22 Brötchen.

Variationen:
Man kann anstelle der Hanfsamen auch Leinsamen, Sonnenblumenkerne, Sesam oder Gewürze wie Majoran, Koriander, Kümmel oder Petersilie verwenden. Der Vielfalt sind hier keine Grenzen gesetzt!

BROT UND BRÖTCHEN

MAISBRÖTCHEN

500 g Dinkel, gemahlen
500 g Maismehl
3 EL Sojamehl
2 EL Meersalz
2 Päckchen Trockenhefe
2 EL Vollrohrzucker
750 ml lauwarmes Wasser
25 g weiche Margarine

Diese gelbe Farbe und der Geschmack machen das Frühstück zu einem Genuss!

Alle trockenen Zutaten miteinander vermischen und anschließend Wasser und Margarine hinzufügen. Zugedeckt eine halbe Stunde bei 50 Grad im Ofen gehen lassen. Danach Brötchen formen, auf ein gefettetes Backblech geben und 20 Minuten bei 200 Grad goldbraun backen. Ergibt ungefähr 22 Brötchen.

NUSS-ROSINEN-BRÖTCHEN

900 g Dinkel, gemahlen
200 g Rosinen
200 g Haselnüsse, gemahlen
200 g gehackte Mandeln
3 TL Meersalz
2 Päckchen Trockenhefe
2 EL Sojamehl
50 ml Sonnenblumenöl
600 ml lauwarmes Wasser

Alle trockenen Zutaten vermischen, dann Wasser und Sonnenblumenöl hinzufügen und alles zu einem Teig kneten. Zugedeckt eine halbe Stunde bei 50 Grad im Ofen gehen lassen. Danach Brötchen formen, auf ein gefettetes Backblech geben und 20 Minuten bei 200 Grad goldbraun backen. Ergibt ungefähr 30 Brötchen.

MINUTENBRÖTCHEN

500 g Dinkel, gemahlen
1 Päckchen Weinstein-Backpulver
1 gestr. TL Kräutersalz
2 EL Sojamehl
300 ml Sojamilch
3 EL Margarine
1 EL Kümmel ganz, oder wahlweise:
1 EL Koriander, Fenchel, Anis, gemahlen

Für Leute, die es morgens eilig haben oder länger schlafen wollen.

Alle trockenen Zutaten vermischen. Sojamilch und Margarine zusammen erwärmen, hinzufügen und alles zu einem Teig kneten. Eigroße Brötchen formen und auf ein gefettetes Backblech setzen. Bei 200 Grad 20 Minuten backen.

DINKELBROT

1 kg Dinkel, gemahlen
2 Päckchen Trockenhefe
200 g Sonnenblumenkerne
3 EL Kräutersalz
2 EL Koriander gemahlen
650 ml lauwarmes Wasser

Alle trockenen Zutaten miteinander vermischen. Das Wasser hinzufügen und zu einem Teig verkneten. 1 Stunde abgedeckt bei 50 Grad im Ofen gehen lassen. Dann den Teig in eine gefettete Backform drücken, oder Laibe formen, diese auf ein geöltes Blech legen und 50 Minuten bei 200 Grad backen.

MÜSLIBROT

1 kg Dinkel, gemahlen
2 Päckchen Trockenhefe
250 g Trockenmüsli
3 EL Kräutersalz
750 ml lauwarmes Wasser

Alle trockenen Zutaten miteinander vermischen. Das Wasser hinzufügen und zu einem Teig verkneten. 1 Stunde abgedeckt bei 50 Grad im Ofen gehen lassen. Dann den Teig in eine gefettete Backform drücken, oder Laibe formen, diese auf ein geöltes Blech legen und 50 Minuten bei 200 Grad backen.

BROT-AUFSTRICHE

BROTAUFSTRICHE

Alle Brotaufstriche halten sich im Kühlschrank ungefähr eine Woche. Man kann sie auch einfrieren, wobei der Geschmack allerdings etwas leidet. Eine andere Möglichkeit ist, den möglichst heißen Aufstrich in ein sterilisiertes Glas mit Twist-Off-Deckel zu füllen, dieses so fest wie möglich zu verschließen und auf den Kopf zu stellen. Das Glas dann sicherheitshalber noch in den Kühlschrank stellen. Wenn sauber gearbeitet wurde, sollte der Aufstrich einige Monate halten.

SONNENBLUMENAUFSTRICH PROVENCAL

200 g Sonnenblumenkerne
10 g Majoran
200 g Zwiebeln
3 EL Bratöl
1 TL Salbei, getrocknet
1 TL Thymian, getrocknet
1 TL Rosmarin, getrocknet
1 Knoblauchzehe
1 EL Gemüsebrühe
200 ml Wasser
1 EL Shoyu
1 EL Senf
1 EL Zitronensaft
1 TL Kräutersalz
Etwas weißer Pfeffer
2 EL Hefeflocken

Dieser Aufstrich soll nach Aussage meiner Gäste ähnlich wie Leberwurst schmecken. Ich selbst kann mich an den Geschmack von Leberwurst nicht mehr erinnern...

Die Sonnenblumenkerne bei 150 Grad 15 Minuten im Backofen rösten und zusammen mit dem Majoran fein mixen. Die fein geschnittenen Zwiebeln im Bratöl dünsten, bis sie weich sind. Salbei, Thymian und Rosmarin 10 Minuten auf kleiner Flamme mitbraten, danach noch den fein gehackten Knoblauch für 5 Minuten mitschmoren. Die Gemüsebrühe in heißem Wasser auflösen und zusammen mit den Sonnenblumenkernen in die Pfanne geben. Das Ganze köcheln, bis ein dickflüssiger Brei entsteht. Am Schluss die restlichen Gewürze hinzufügen.

AROMATISCHE KRÄUTERBUTTER

250 g Margarine
(warm gestellt)
100 g frische Wildkräuter
3 Tropfen Zitronenöl
2 Tropfen Pfefferöl
2 Tropfen Korianderöl
Etwas Meersalz

Alle Zutaten solange mixen, bis eine dünnflüssige, cremig-grüne Soße entsteht. Diese in ein Glasschälchen füllen und kühl stellen. Wochenlang haltbar. Statt Wildkräutern (z.B. Vogelmiere, Giersch, Sauerampfer, Löwenzahn, Wegerich, Melde) kannst Du auch Schnittlauch oder Petersilie nehmen. Die ätherischen Öle können auch weggelassen werden. Diese Butter besitzt eine wunderschöne hellgrüne Farbe, wenn man junge Wildkräuter verwendet!

BROTAUFSTRICHE

MEERRETTICH-CREME

200 g gekochter Naturreis
(gewogen nach dem Kochen)
125 ml Sojamilch
60 g vegane Majo
25 g Meerrettich
(frisch oder aus dem Glas)
1,5 EL Sonnenblumenöl
1,5 EL Zitronensaft
Etwas Meersalz

Das erinnert mich an eine Zeit, als ich noch bei meinen Eltern lebte, und in unserem Garten frischen Meerrettich entdeckte. Ich war dabei, ihn klein zu mixen und in Gläschen abzufüllen. Als meine Mutter in die Küche kam, fand sie mich völlig fertig vor, mit krebsroten Augen unter einer Taucherbrille und laufender Nase. Ich war total benommen und nicht in der Lage, irgendetwas zu sehen. Wer jemals beim Zwiebelschälen geweint hat, kennt Meerrettich nicht!

Alle Zutaten fein mixen und kühl stellen. Erinnert an Meerrettich-Frischkäse. Lecker!

ROTES LINSENMUS

300 g rote Linsen
650 ml Wasser
150 g Zwiebeln
3 EL Erdnussöl
1 EL Kräutersalz
1 EL Paprikapulver

1 EL Currypulver
1 EL Meersalz
1 EL dunkler Balsamessig
1 EL Kreuzkümmel, gemahlen
1 EL Koriander, gemahlen

Zwiebeln hacken und in Erdnussöl, Curry, Paprika und Kräutersalz schmoren. Rote Linsen 5 Minuten mitbraten, dann mit Wasser aufgießen und weich kochen. Am Schluss Meersalz, Balsamessig, Kreuzkümmel und Koriander hinzugeben.

TOMATEN-BASILIKUM-AUFSTRICH

200 g Naturreis
(nach d. Kochen gewogen)
175 ml Tomatenpüree
1 Bund frisches Basilikum

1 EL Kräutersalz
1,5 EL Balsamico
25 ml Olivenöl

Naturreis kochen. Alle Zutaten fein mixen und kühl stellen.

PILZ-CURRY-PASTE

150 g Zwiebeln
50 ml Erdnussöl
1,5 EL Kräutersalz
1 EL Paprika, gemahlen
1 EL Currypulver

200 g Champignons
100 g Tofu natur
40 ml Sojasahne
1 EL Zitronensaft

Die Zwiebeln fein schneiden und zusammen mit dem Erdnussöl, Kräutersalz, Paprika und Curry braten, bis sie weich sind. Die dünn geschnittenen Pilze mitbraten. Den Tofu mit der Sojasahne und dem Zitronensaft cremig mixen. Zum Schluss die Pilze zusammen mit dem Tofu kurz mixen, so dass Pilzstückchen erhalten bleiben. Hmm...

AVOCADOCREME

250 g Avocados
2 EL Olivenöl
1,5 EL weißer Balsamico
1,5 TL Kräutersalz
1 EL Hefeflocken
Etwas weißer Pfeffer

Alle Zutaten fein mixen und kühl stellen.

BROTAUFSTRICHE

MÖHREN-RÄUCHERTOFU-PASTE

300 g Räuchertofu
2 EL Olivenöl
300 g Möhren
1 Bund frischer Dill
2 EL Senf

50 ml Wasser
1 EL Gemüsebrühe
1 EL Zitronensaft
1 TL Kräutersalz
1 Zweig Petersilie

Den Räuchertofu würfeln und in Olivenöl knusprig braten. Die Möhren in Scheiben schneiden und in Wasserdampf garen, den Dill hacken. Sämtliche Zutaten mixen und kühl stellen. Mit einem Zweig Petersilie garnieren. Guten Appetit!

SÜßKARTOFFELCREME

200 g Süßkartoffeln
100 g vegane Remoulade
125 g Tofu natur

1 EL Olivenöl
1 EL Zitronensaft
1,5 EL Kräutersalz

Die Süßkartoffeln kochen und mit den restlichen Zutaten fein mixen.

KICHERERBSENPASTE

250 g Kichererbsenbällchen (siehe Seite 74)
60 ml Dinkelmilch
1 TL Currypaste
2 EL Olivenöl
1 EL Zitronensaft
Etwas Meersalz

Alle Zutaten mixen und auf Reiscrackern, Knäckebrot oder frischem Dinkelbrot genießen. Schmeckt auch sehr gut zusammen mit frischer Rohkost.

APFEL-ZWIEBEL-SCHMALZ

200 g Zwiebeln
200 g Äpfel gewürfelt
100 g Margarine
1 TL Kräutersalz

Die fein geschnittenen Zwiebeln in etwas Margarine braten, bis sie weich sind. Dann die Äpfel hinzugeben und dünsten, bis auch diese weich sind. Mit der restlichen Margarine und etwas Kräutersalz fein mixen und kühlen. Ein wundervoller Brotaufstrich.

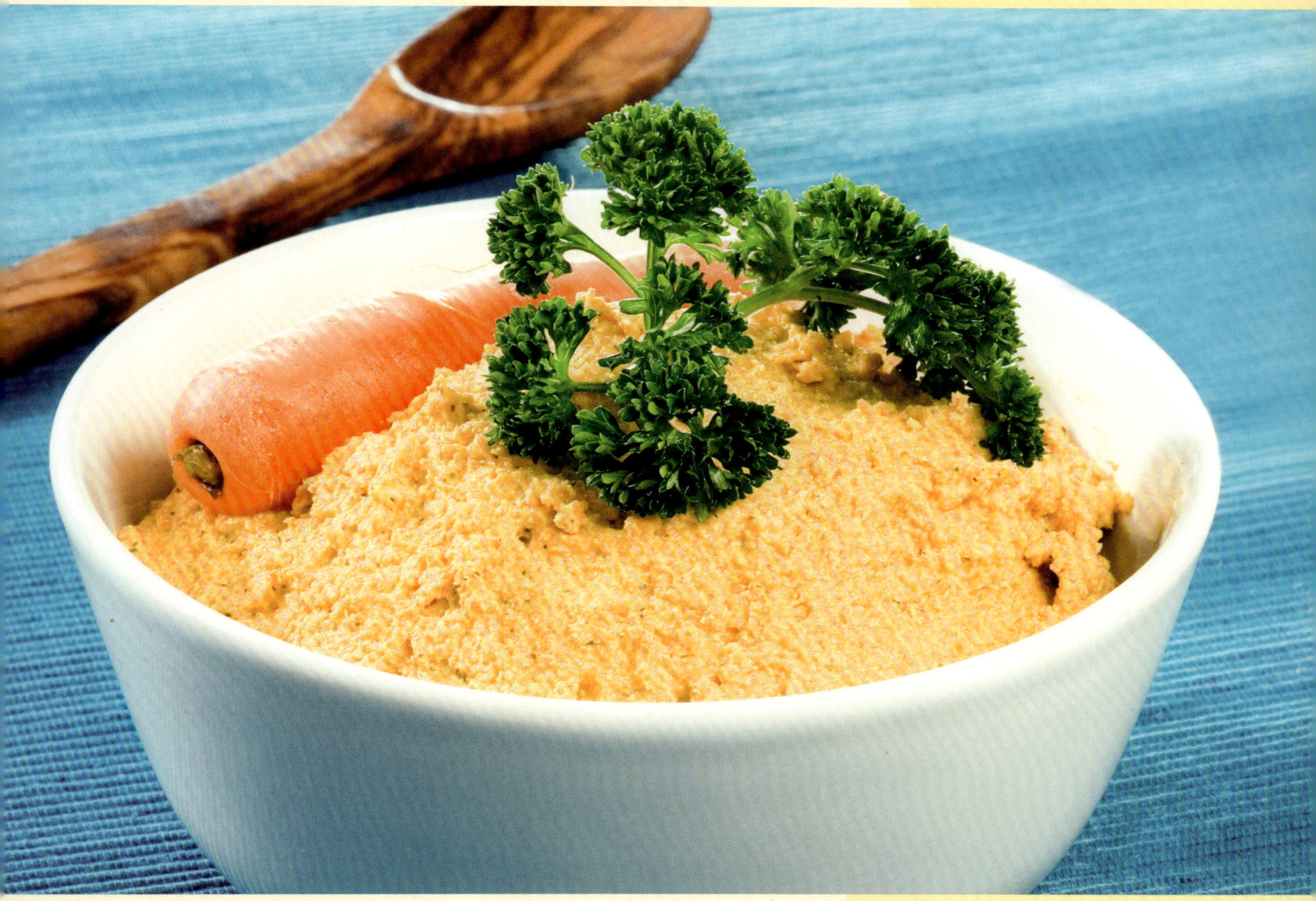

FRÜHSTÜCK

Hafer ist das eiweiß- und fettreichste Getreide, welches gleichzeitig mehr Energie gibt als alle anderen Getreidearten. 100 g Hafer decken den täglichen Bedarf an lebensnotwendigen Eiweißbausteinen. Die Haferkörner liefern besonders viel Kalzium, Eisen, Silizium, Zink, Mangan sowie Vitamin B1 und E.

Frischkornmüsli aus geflocktem Hafer ist nahrhaft und sehr lecker. Ich servierte dieses Müsli 10 Jahre lang morgens zum Frühstück. Bei einer Gesundheitswoche musste ich die Mengen für den Haferbrei jeden Morgen neu anpassen, selbst wenn sich die Anzahl der Teilnehmer nicht änderte. Am ersten Morgen wurde meist wenig davon gegessen, da es noch unbekannt war. Am nächsten Morgen erhöhte ich die Mengen kontinuierlich, weil das Hafermüsli von den Gästen „entdeckt" wurde. Und fast alle wollten das Rezept haben...

HAFER-FRISCHKORNMÜSLI GRUNDREZEPT

Für 5 Personen

200 g Hafer
200 ml Dinkelmilch
200 ml Saft
Frisches Obst
Nüsse oder Ölsaaten
Natürliches Süßungsmittel
Gewürze

Die Haferkörner mit einer Haferquetsche flocken. Ersatzweise kann man auch fertige Haferflocken verwenden. Oder den Hafer grob schroten (in einem Mixer oder mit einer Getreidemühle). In diesem Fall muss der Hafer allerdings über Nacht, am besten im Kühlschrank, eingeweicht werden. Der frisch geflockte Hafer wird in dem Saft (Apfelsaft, Orangensaft, Multifruchtsaft etc.) und der Dinkelmilch (ersatzweise Reismilch, Hafermilch oder Mandelmilch) eine Stunde eingeweicht. Dann gibt man Obst (der Vielfalt sind hier keine Grenzen gesetzt), bei Bedarf etwas Süßungsmittel wie Agavendicksaft, Stevia oder Vollrohrzucker, Gewürze wie Vanille, Zimt, ätherische Zitrusöle sowie Nüsse oder Ölsaaten (beispielsweise Sonnenblumen- oder Kürbiskerne) hinzu. Alles ganz nach persönlichem Geschmack! Das Müsli wird noch besser, wenn man es eine Stunde nach Zubereitung serviert. Hier sind einige Beispiele:

APFELMÜSLI

Für 5 Personen

200 g Hafer geflockt
200 ml Apfelsaft
200 ml Hafermilch
300 ml Apfelmus
1 EL Agavendicksaft

Den Hafer eine Stunde in Apfelsaft und Hafermilch einweichen. Dann Apfelmus und Agavendicksaft zufügen.

FRÜHSTÜCK

TROPENMÜSLI

Für 5 Personen

200 g Hafer, geflockt
200 ml Dinkelmilch
200 ml Multifruchtsaft
60 g Rosinen
60 g Kokosflocken

200 g Creme Tropique
(siehe Seite 105)
50 g Hafersahne
1 TL Agavendicksaft

Hafer, Rosinen und Kokosflocken eine Stunde in Dinkelmilch und Multifruchtsaft einweichen. Die übrigen Zutaten hinzufügen und genießen.

APFEL-ZIMT-PORRIDGE

Für 5 Personen

200 g Hafer, geflockt
50 g Sonnenblumenkerne
50 g Rosinen
325 ml Apfelsaft

125 ml Hafermilch
250 g Äpfel
1 TL Agavendicksaft
1 EL Zimt

Hafer zusammen mit den Sonnenblumenkernen und den Rosinen in Saft und Hafermilch einweichen. Nach einer Stunde die Äpfel in grobe Stifte raspeln und unterheben. Zimt und Agavendicksaft hinzufügen. Einer meiner Favoriten.

ZITRONENMÜSLI

Für 5 Personen

200 g Hafer, geflockt
100 ml Sojamilch
300 ml Orangensaft
250 ml Zitronenjoghurt
50 geröstete und gehackte Mandeln

Hafer eine Stunde in Sojamilch und Orangensaft einweichen. Zitronenjoghurt (Rezept siehe Seite 103) und Mandeln hinzufügen. Hmmm…

BANANENMÜSLI

Für 5 Personen

200 g Hafer, geflockt
200 ml Reismilch
200 ml Apfelsaft
250 g Bananen
50 ml Hafersahne

Hafer eine Stunde in Reismilch und Apfelsaft einweichen. Mit der Gabel zerdrückte Banane und Hafersahne hinzufügen. Tipp: Das Müsli schmeckt noch besser, wenn man es vor dem Verzehr eine Stunde stehen lässt.

FRISCHKORNBREI VIOLETT

200 g Hafer geflockt
400 ml roter Traubensaft
200 g Sojajoghurt
40 g Mandeln gehackt
2 EL Sojasahne
1 EL Agavendicksaft

Super Geschmack und eine ansprechende Farbe (lila ist meine Lieblingsfarbe).

Hafer eine Stunde in Traubensaft einweichen. Dann Joghurt, Mandeln, Sahne und Agavendicksaft hinzufügen und servieren.

BANANORANGE MIT CASHEWS

Für 5 Personen

8 Bananen
Saft von 5 Orangen
200 g Cashews

Die Bananen zerdrücken. Die restlichen Zutaten hinzufügen. Ein wundervolles Frühstück, welches gleichzeitig erfrischt, sättigt und leicht verdaulich ist.

ZIMTAPFEL UND WALNÜSSE

Für 5 Personen

5 Äpfel
500 ml Hafersahne
500 g Sojajoghurt
250 g Walnusshälften
2 EL Zimt
1 EL Apfeldicksaft

Äpfel fein reiben und mit den übrigen Zutaten sorgfältig vermischen. Passt sehr gut in die Winterzeit.

SALATE

SALATE

Da fällt mir ein Ausspruch eines vegetarischen Vorreiters ein, der um 1900 gelebt hat: „Ich bin ein Vegetarier. Ich esse von früh bis spat nur Salat, Salat, Salat." Ich habe in meinem Leben schon so viele unterschiedliche Salate gezaubert. Und täglich fallen mir zu Hause neue Variationen ein. Besonders gerne kombiniere ich gekochtes Getreide wie Reis oder Grünkern mit frischem Gemüse und Wildkräutern. Zusammen mit Tofu oder Hülsenfrüchten, Ölsaaten und wertvollen Pflanzenölen erhält man eine wertvolle Mahlzeit, die alles enthält, was ein Mensch braucht, und gleichzeitig einfach in der Zubereitung ist.

BUNTER REISSALAT

Für 4 Personen

80 g Naturreis
80 g roter Reis
320 ml Wasser
1 TL Meersalz
200 g Tofu natur
1 EL Currypulver
1 TL Kreuzkümmel, gemahlen
1 TL Zitronensaft
1 EL Sojasoße
2 EL Erdnussöl
1 kleine grüne Paprika
1 kleine Möhre
100 ml Hafersahne
100 ml Reismilch
100 g geröstete Sonnenblumenkerne
2 EL Mandelöl nativ
2 EL Himbeeressig
1 TL Curry Paste
1 EL Kräutersalz
1 EL Hefeflocken

Naturreis und roten Reis zusammen im Salzwasser kochen. Den Tofu würfeln, in Curry, Kreuzkümmel, Zitronensaft und Sojasoße 10 Minuten einweichen und in Erdnussöl braten. Nach 10 Minuten die fein geschnittene Paprika hinzufügen und kurz mitbraten. Reis, Tofu und Paprika mit der geraspelten Möhre und den restlichen Zutaten vermischen und servieren!

DINKELSALAT MIT SAUERKRAUT

Für 4 Personen

200 g Dinkel
200 g Sauerkraut
100 g Zuckermais
100 g Sojawürstchen
100 g Paprikapaste
60 g vegane Majo
2 EL Olivenöl
1 EL Himbeeressig
1,5 EL Kräutersalz

Den Dinkel kochen (Rezept siehe Seite 38). Das Sauerkraut fein schneiden. Die Tofuwürstchen in dünne Scheiben schneiden. Alle Zutaten miteinander vermischen.

SALATE

Für 4 Personen

150 g Quinoa
100 g grüne Oliven
100 g Tofu Rosso
50 g Zuckermais
100 g Gewürzgurken
mit Flüssigkeit
150 g Cherrytomaten
1 Bund Schnittlauch
2 EL Olivenöl
1 EL Himbeeressig
1 EL Kräutersalz

QUINOASALAT

Quinoa ist eine dem Amaranth verwandte Körnerfrucht, welche in den Hochanden Südamerikas wächst. Es enthält hohe Anteile an ungesättigten Fettsäuren, besonders viel hochwertiges Eiweiß und essentielle Aminosäuren sowie überdurchschnittlich viel Magnesium, Kalzium, Phosphor und Eisen. Die südamerikanischen Eingeborenen wiesen dem Korn übernatürliche Kräfte zu. Die spanischen Eroberer verboten den Inkas den Anbau von Quinoa unter Todesstrafe, um sie zu schwächen. Es ist eine einmalige Energiequelle besonders für Menschen, die starken Belastungen ausgesetzt sind.

Das Quinoa kochen (Rezept siehe Seite 39). Den Tofu Rosso (Tofu nach italienischer Art) oder einen anderen gewürzten Tofu in kleine Stücke schneiden und die Gewürzgurken würfeln. Cherrytomaten halbieren und Schnittlauch fein hacken. Alle Zutaten miteinander vermischen.

BUNTE RIESEN-BOHNEN-SALAT

Für 4 Personen

200 g bunte Riesenbohnen
400 ml Wasser
100 ml Sosso Tomato (siehe Seite 65)
100 g Zuckermais
300 g rote und gelbe Paprika
100 g Gewürzgurken
1 Avocado
1 Bund Rucola
2 EL Olivenöl
1 EL weißer Balsamessig
1 Schuss Apfelbalsamico
1 EL Kräutersalz

Die Riesenbohnen über Nacht in der doppelten Menge Wasser einweichen. Das Wasser abgießen und die Bohnen in der doppelten Menge frischen Wassers auf kleiner Flamme ca. eine Stunde kochen. Sofort in der Sosso Tomato, ersatzweise in Tomatenpüree, einweichen und abkühlen lassen. Paprika und Gewürzgurken würfeln, Avocado in Stücke schneiden. Rucola grob schneiden. Alle Zutaten miteinander vermischen und genießen!

ROTE-BOHNEN-BROKKOLI-SALAT MIT CHILI

Für 5 Personen

200 g rote Bohnen
400 ml Wasser
400 g Brokkoli
100 g vegane Remoulade
1 kleine Zwiebel
2 EL Olivenöl
1 EL dunkler Balsamico
1 Bund Rucola
1 Bund Petersilie
2 EL Kräutersalz
Etwas Tabasco

Die Bohnen über Nacht einweichen, das Einweichwasser abgießen und mit frischem Wasser ungefähr 45 Minuten kochen. Den Brokkoli dünsten und in kleine Röschen teilen. Mit den restlichen Zutaten vermischen. Je mehr Tabasco, desto mehr entfaltet der Salat sein spezielles Feuer!

FEINE BANDNUDELN IM CURRYDRESSING AN SEITANWÜRFELCHEN

Für 4 Personen

150 g Vollkorn-Bandnudeln
100 g Seitan Bratquadrat
100 g Erbsen aus dem Glas
50 g frischer Zuckermais
1 Bund Rucola
150 ml Joghurt-Curry-Dip
(Rezept siehe Seite 65)
1 EL Olivenöl
1 TL weißer Balsamessig
1 EL Salatgewürz
1 TL Kräutersalz

Die Bandnudeln kochen. Seitan würfeln und den Zuckermais mit einem scharfen Messer vom Maiskolben abschaben. Alle Zutaten miteinander vermischen. Nach dem Essen fühlt man sich einfach nur gut.

SALATE

BUNTER KARTOFFELSALAT

Für 5 Personen

800 g Kartoffeln
2 EL Gemüsebrühe
800 ml heißes Wasser
150 g Räuchertofu
Olivenöl zum Braten
120 g Gewürzgurken
mit Flüssigkeit
250 g Äpfel
1 kleine rote Paprika
1 kleine Zwiebel
1 Bund Petersilie
4 EL Sonnenblumenöl
2 EL Apfelessig
2 EL Kräutersalz
2 EL Hefeflocken
1 gestr. TL
weißer Pfeffer

Diesen Kartoffelsalat servierte ich traditionellerweise am letzten Abend meiner Kochseminare zusammen mit herzhaften Bratlingen und Senf. Dazu gab es Lemongrastee. Es war mir nach vielen Jahren immer noch eine große Freude, die Bratlinge und den Kartoffelsalat zum Abschluss einer gelungenen Woche herzustellen. Ich genoss es dann, nach 7 Tagen mit einem 16-Stunden-Arbeitstag, schön entspannt die letzte warme Mahlzeit zu zaubern... Die Bratlinge findest Du auf Seite 87.

Die Kartoffeln kochen, schälen und in dünne Scheiben schneiden. Die Gemüsebrühe in dem heißen Wasser auflösen und über die Kartoffeln gießen. Mehrere Stunden ziehen lassen, am besten über Nacht. Den Räuchertofu würfeln und in Olivenöl braten. Die Gewürzgurken in feine Würfelchen schneiden. Die möglichst knackigen Äpfel in Stücke schneiden und die Zwiebel fein hacken. 250 ml von der Kartoffelbrühe abgießen und anderweitig verwenden. Kartoffeln, Räuchertofu, fein geschnittene Paprika, gehackte Petersilie und alle anderen Zutaten vermischen. Nicht zuviel essen!

KARTOFFEL-LÖWENZAHNSALAT

Für 5 Personen

1 kg Kartoffeln
200 g Gewürzgurken mit Flüssigkeit
400 g Löwenzahn
200 g Tofu-Puszta-Wiener

Für die Salatsoße:
250 ml Haferdrink
200 g vegane Majo
100 ml Sonnenblumenöl
50 g Pesto Rosso
5 EL weißer Balsamessig
4 EL Kräutersalz
4 EL Hefeflocken
Etwas Pfeffer

Der Löwenzahn gehört zu meinen Wildkräuterfavoriten. Er wächst bei uns hinter dem Haus und je mehr ich ihn abschneide, desto schneller wachsen die frischen, zarten Blätter nach. Er enthält neben vielen anderen wichtigen Inhaltsstoffen Bitterstoffe, die in der heutigen Zivilisationsnahrung fehlen und die unser Körper braucht.

Die Kartoffeln kochen und in dünne Scheiben schneiden. Wer mag, kann sie auch mit Schale verwenden. Die Gurken würfeln. Löwenzahn und die Tofuwiener fein schneiden. Die Zutaten für die Salatsoße mit dem Schneebesen verrühren und mit den übrigen Zutaten vermischen. Die Tofuwiener können auch durch andere Tofusorten ersetzt werden.

BROKKOLI-GIERSCH-PAPRIKA-SALAT MIT TEMPEH

Für 4 Personen

600 g Brokkoli
200 g Tempeh
2 EL Sojasoße
1,5 EL Zitronensaft
3 EL Erdnussöl
200 g rote Paprika
200 g gelbe Paprika
2 EL Olivenöl
1 TL Meersalz
1 TL Sojasoße
200 g Giersch

Für die Salatsoße:
230 ml Apfelmus
200 ml Reismilch
40 g Tahin
80 g vegane Majo
2 EL Himbeeressig
1,5 EL Kräutersalz
2 EL Hefeflocken

Giersch ist ein Wildkraut, welches ähnlich wie Petersilie schmeckt. Viele Leute regen sich über den Giersch in ihrem Garten auf, der dort wie wild wuchert. Mein Tipp: Iss ihn doch einfach auf! Dann hast Du zwei Fliegen mit einer Klappe geschlagen.* Wetten, dass sich dann Dein Verhältnis zu dieser Pflanze ändert?

Die Tempehscheiben mit Sojasoße und Zitrone beträufeln und in Erdnussöl goldbraun braten. In kleine Stücke schneiden. Die Paprika in Streifen schneiden und in Olivenöl braten. Kurz vor Schluss Sojasoße und Salz zufügen. Den Brokkoli dünsten und zerteilen. Die Zutaten für die Salatsoße cremig mixen und mit Brokkoli, Tempeh, Paprika sowie dem fein gehackten Giersch vermischen. Ein besonderes Geschmackserlebnis!

---

* Oh, dieser Spruch sollte eigentlich nicht in einem veganen Kochbuch stehen…

SALATE

SALATO ITALIANO À LA MATTHIASO

Für 5 Personen

200 g Tofu natur
1 TL Zitronensaft
1/2 TL Meersalz
350 g Tomaten
4 EL Olivenöl
1 EL weißer Balsamessig
1 EL Hefeflocken

Etwas weißer Pfeffer
1,5 TL Kräutersalz
1 Bund frischer Schnittlauch
1 Bund Basilikum
1 Kopf Salat

Den Tofu würfeln und mit Zitronensaft und Salz vermischen. Die Tomaten in Stücke schneiden und den Schnittlauch hacken. Die übrigen Zutaten hinzufügen. Ganz am Schluss den klein gerupften Salat dazugeben und vorsichtig vermischen. Sofort servieren!

FRISCHER GURKENSALAT

Für 4 Personen

600 g Salatgurken
150 g Sojajoghurt
2 EL Sonnenblumenöl
1 EL Apfelessig
1 EL Agavendicksaft

1 EL Senf
1,5 EL Kräutersalz
Etwas weißer Pfeffer
1 EL Hefeflocken
1 Bund frischer Dill

Die Salatgurken in hauchdünne Scheiben raspeln. Alle Zutaten miteinander vermischen.

GRÜNER SALAT MIT TOMATEN UND AVOCADOS

Für 4 Personen

150 g grüner Salat
500 g Tomaten
300 g Avocados
1 Bund Basilikum
6 EL Olivenöl

1,5 EL Balsamico
1,5 TL Kräutersalz
2 EL Hefeflocken
Etwas weißer Pfeffer

Salat rupfen, Tomaten würfeln, Basilikum und Avocados in große Stücke schneiden und alle Zutaten miteinander vermischen.

ROHKOST AUS KOHLRABI UND ÄPFELN

Für 5 Personen

In meinem Originalbüchlein, in dem ich die Rezepte direkt beim Kochen aufzeichne, steht bei diesem Rezept am Rand: „Super Super". Wobei, ehrlich gesagt, solche oder ähnliche Kommentare bei fast jedem Rezept stehen. Es begeistert mich einfach immer wieder, neue, faszinierende Kombinationen zu „entdecken".

400 g Kohlrabi
200 g Äpfel
100 g vegane Remoulade
120 g Gewürzgurken
mit Flüssigkeit

2 EL Senf
1 TL Agavendicksaft
1,5 TL Kräutersalz
1 Bund frischer Dill

Die Kohlrabi raspeln und die Äpfel in Stifte schneiden. Die Gewürzgurken würfeln, mit dem fein gehackten Dill und den restlichen Zutaten vermischen. Enjoy!

PASTASALAT SPEZIAL

Für 4 Personen

150 g Spirelli
50 ml vegane Remoulade
100 g Zuckermais
1 Bund Basilikum
1 Bund Schnittlauch

1 EL Apfelsaft
1 EL Olivenöl
1 TL schwarzer Balsamessig
1 EL Kräutersalz

Die Spirelli kochen, den Schnittlauch fein hacken. Alle Zutaten miteinander vermischen.

SALATE

WILDKRÄUTERSALAT MIT PAPRIKADRESSING

Für 4 Personen

Diesen Salat habe ich im Vogelsberg, meiner Heimat, erfunden, als ich in der Natur war und bei dieser Gelegenheit, wie meistens, Wildkräuter gesammelt habe. Der Salat wurde dann beim großen Familientreffen verzehrt und alle waren begeistert. Ich habe das Rezept später leicht abgewandelt.

200 g Äpfel
250 g Rougette (roter Salat)
1 Bund frischer Giersch oder anderes Wildkraut
1 Bund Schnittlauch
1 Bund Rucola
50 g geröstete Sonnenblumenkerne

Für die Soße:
1/2 rote Paprika
70 g vegane Majo
2 EL Sesamöl
1 EL weißer Balsamessig
1 EL Apfelbalsamico
1 TL Agavendicksaft
1,5 TL Kräutersalz
2 EL Hefeflocken

Die Äpfel grob schneiden, den Rougette rupfen und mit den gehackten Kräutern, dem Rucola und den Sonnenblumenkernen vermischen. Die Zutaten für die Salatsoße im Mixer pürieren. Mit den Salatzutaten vermischen und sofort genießen.

ROTE BEETE-SALAT MIT NÜSSEN ▼

Für 5 Personen

400 g Rote Beete
200 g Äpfel
120 g Gewürzgurken mit Flüssigkeit
70 g geröstete und gehackte Haselnüsse

80 g vegane Remoulade
2 EL Sonnenblumenöl
1 EL Hefeflocken
1 TL Kräutersalz
Etwas weißer Pfeffer
Kokosflocken

Rote Beete und Äpfel fein reiben. Gewürzgurken in feine Stückchen schneiden. Alle Zutaten miteinander vermischen. Mit Kokosflocken garnieren.

ROTE-BEETE-FRISCHKOST MIT GERÖSTETEN MANDELN

Für 5 Personen

400 g Rote Beete
250 g Äpfel
1 TL Himbeeressig
75 g geröstete und gehackte Mandeln
1 EL Haselnussöl geröstet
1 EL Sonnenblumenöl
1 TL Kräutersalz
Etwas weißer Pfeffer

Rote Beete und Äpfel raspeln. Mit den übrigen Zutaten vermischen.

SELLERIE-APFEL-SALAT

Für 4 Personen

350 g Sellerie
200 g Äpfel
150 g Sojajoghurt
150 ml Orangensaft
1 EL Himbeeressig
2 EL Agavendicksaft
1 TL Meersalz
100 g Walnüsse

Sellerie und Äpfel raspeln. Mit dem frisch gepressten Orangensaft und den restlichen Zutaten vermischen.

EXOTISCHER MÖHRENSALAT

Für 4 Personen

300 g Möhren
200 g Äpfel
Eine Banane
70 ml Multifruchtsaft
3 EL Kokosflocken
1,5 EL Zitronensaft
40 ml Hafersahne
2 Tropfen Zitronenöl
1/2 Zitrone (geriebene Schale)
30 g Rosinen
30 g Erdnüsse

Banane, Multifruchtsaft, Kokos, Zitrone und Hafersahne mixen. Mit den geraspelten Möhren und Äpfeln vermischen. Fein geriebene Zitronenschale, Zitronenöl, Rosinen und Erdnüsse hinzufügen.

EINFACHER MÖHRENSALAT

Für 4 Personen

320 g Möhren
200 g Äpfel
1 EL weißer Balsamessig
70 g gehackte Haselnüsse
2 EL Sesamöl
Etwas weißer Pfeffer
1 TL Kräutersalz

Möhren und Äpfel raspeln. Alle Zutaten vermischen. Einfach und lecker.

SALATSOßEN

Viele Rezepte habe ich eigentlich meiner Mutter zu verdanken. Oft erinnere ich mich daran, was ich als Kind so gerne gegessen habe und versuche dann, das mit meinen Biozutaten nachzuahmen. So geht es mir auch manchmal, wenn ich in ein Restaurant gehe und mich ein Gericht begeistert (was selten vorkommt). Ich koche das Gericht zu Hause nach, auch wenn ich nicht nach dem Rezept gefragt habe.

MAMAS SALATSOßE

Für 4 Personen

200 g Sojajoghurt
5 EL Sonnenblumenöl
1 EL dunkler Balsamico
1 TL Kräutersalz
2 EL Hefeflocken
1/2 TL weißer Pfeffer

Alle Zutaten sorgfältig mit einem Schneebesen verrühren. Ideal für Feldsalat.

RUCOLA-SALATSOßE

Für 5 Personen

50 g Rucola
50 ml Hafersahne
50 ml vegane Majo
120 ml Dinkelmilch
1 EL Olivenöl
1 EL dunkler Balsamessig
1 EL Kräutersalz
1 EL Hefeflocken

Alle Zutaten fein mixen.

ORANGEN-PETERSILIE-SALATSOßE MIT CURRY

Für 5 Personen

1 Orange geschält
1/2 Bund Petersilie
1 EL Senf
70 ml Hafersahne
1 EL Currypulver
Etwas Kräutersalz

Alle Zutaten cremig mixen. Schmeckt unnachahmlich.

HIMBEERSOßE MIT TAHIN

Für 5 Personen

120 ml Apfelmus
100 ml Reismilch
1 gehäufter EL Tahin
2 EL vegane Majo
1 EL Himbeeressig
Etwas Kräutersalz

Alle Zutaten fein mixen. Eine wundervolle Kombination!

AVOCADODRESSING

Für 5 Personen

1 kleine Avocado
160 ml Reismilch
1 EL Olivenöl
1,5 EL Balsamico
1 EL Kräutersalz
1 EL Hefeflocken
Etwas weißer Pfeffer

Alle Zutaten fein mixen.

SOSSO TOMATO

Für 4 Personen

200 g frische Tomaten
2 EL Olivenöl
2 EL Apfelsaft
1 EL weißer Balsamessig
1 EL Hefeflocken
1 EL Kräutersalz
Etwas weißer Pfeffer

Alle Zutaten fein mixen.

SOßE ROSÉ

Für 5 Personen

170 ml Tomatenpüree
120 ml Hafersahne
1 EL frischer Meerrettich
3 Tropfen Steviaextrakt
1 EL weißer Balsamessig
Etwas Meersalz

Alle Zutaten fein mixen. Lecker lecker!

SUPER SALATSOßE!

Für 5 Personen

80 g Möhren
200 ml Apfelsaft
1 EL Himbeeressig
1 EL Sonnenblumenöl
1,5 TL Kräutersalz
1 EL Hefeflocken
1 EL Salatgewürz

Alle Zutaten mixen und genießen!

JOGHURT-CURRY-DIP

Für 4 Personen

250 ml Sojajoghurt
50 ml Sojasahne
1 TL Meersalz
1 TL Currypulver
1 TL Zitronensaft
1 EL Agavendicksaft
1 TL Currypaste
1 TL Thai-Würzöl

Alle Zutaten sorgfältig mit einem Schneebesen verrühren. Auf Wunsch zusätzlich das Thai-Würzöl (Rezept siehe Seite 37) hinzufügen. Passt hervorragend zu frischer Rohkost!

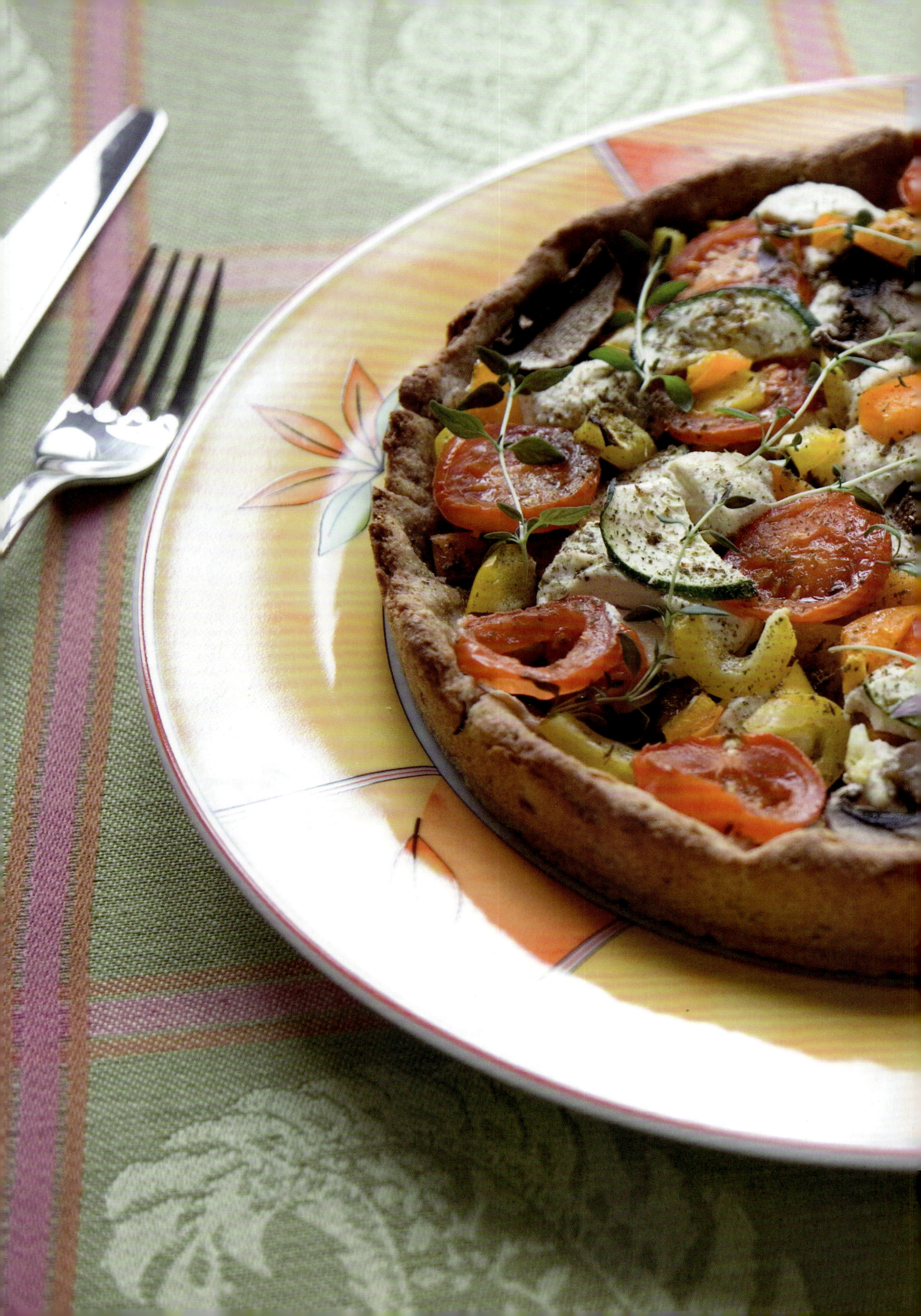

HAUPTGERICHTE

HAUPTGERICHTE

Ein absoluter Genuss!

LASAGNE VEGANO

Für 4 Personen

80 g getrocknetes Sojafleisch fein
1 EL Gemüsebrühe
240 ml heißes Wasser
200 g Zwiebeln
3 EL Olivenöl nativ
Je 1 Zweig Oregano- u. Salbeiblätter
2 Knoblauchzehen
1 EL Paprikapulver
3 EL Hefeflocken
1 EL Shoyu
250 g Möhren
250 ml Wasser
1 EL Gemüsebrühe
250 g Zucchini
1 EL Kräutersalz
1,5 EL Zitronensaft
3 EL Olivenöl
200 g Vollkorn-Lasagne
60 g Cornflakes, ungesüßt
2 EL Hefeflocken
1/2 TL Meersalz
2 EL Sonnenblumenöl
50 ml Dinkelmilch
375 g Tomaten

Bechamelsoße:
40 g Dinkel, gemahlen
40 g Bio-Margarine
2 EL Kräutersalz
250 ml Dinkelmilch

Tomatensoße:
700 ml Tomatenpüree
50 ml Wasser
1 EL Kräutersalz
1 EL Gemüsebrühe
1 TL Vollrohrzucker
1 TL weißer Pfeffer
1 EL Paprika, gemahlen

Sojafleisch 15 Minuten in Gemüsebrühe und heißem Wasser einweichen. Die fein geschnittenen Zwiebeln 15 Minuten in Olivenöl dünsten, den gehackten Knoblauch dazugeben und kurz mitdünsten. Sojafleisch hinzufügen und kurz aufkochen lassen. Zum Schluss die gehackten Kräuter, Paprikapulver, Hefeflocken und Shoyu dazugeben. Möhren in Scheiben schneiden, maximal 5 Minuten in Gemüsebrühe dünsten und sofort aus der Brühe herausnehmen. Zucchini in Scheiben schneiden und 5 Minuten in Olivenöl braten, kurz vor Schluss Kräutersalz und Zitronensaft dazugeben.

Für die **Bechamelsoße** Margarine schmelzen und Dinkelmehl bei ständigem Rühren auf kleiner Flamme anschwitzen. Dinkelmilch, Kräutersalz und Möhrenbrühe dazugeben, mit dem Pürierstab mixen.

Für die **Tomatensoße** alle Zutaten mit dem Schneebesen verrühren. Cornflakes mit Hefeflocken, Meersalz, Sonnenblumenöl und Dinkelmilch gut vermischen und quellen lassen.

Auflaufform einfetten, Boden mit Lasagneplatten bedecken und darauf das Sojafleisch verteilen. Sojafleisch mit Tomatensoße übergießen. Die nächste Schicht Lasagne und Möhren darauf verteilen, dann mit der Bechamelsoße begießen, bis die Möhren bedeckt sind.

Dritte Schicht Lasagne auf die Möhren legen und mit den Zucchini bedecken. Diese jetzt mit beiden Soßen übergießen, die vierte Schicht Lasagne darauf legen und tief in die Soße drücken. Darauf die dünnen Tomatenscheiben verteilen und diese mit den Cornflakes bedecken.

Die Lasagne Vegano 30 Minuten bei 200 Grad im Ofen backen, mit frischer Petersilie bestreuen und entspannt genießen!

KARTOFFEL-BROKKOLI-AUFLAUF MIT PILZEN

Für 5 Personen

500 g Brokkoliröschen
500 g gekochte Kartoffelscheiben
400 g Champignonscheiben
2 EL Olivenöl
1 EL Sojasoße

Belag:
100 g Cornflakes, natural
80 ml Dinkelmilch
2 EL Sonnenblumenöl
2 EL Hefeflocken
1 TL Meersalz

Soße:
450 g rote Paprika
100 ml Hafersahne
450 ml Hafermilch
2 EL Zitronensaft
3 EL Paprika, gemahlen
2 EL Kräutersalz
1 TL Pfeffer

Zuerst die Kartoffelscheiben in eine Auflaufform schichten, dann die in Shoyu und Olivenöl gebratenen Pilze darüber geben und zuletzt den Brokkoli auf den Pilzen verteilen. Die Zutaten für die Soße mixen und in die Auflaufform gießen. Die Zutaten für den Belag mischen, 10 Minuten einweichen lassen und dann den Auflauf damit bedecken. Bei 200 Grad 30 Minuten backen.

BULGUR-BROKKOLI-SPINAT-AUFLAUF

Für 5 Personen

350 g Bulgur
630 ml Wasser
2 EL Gemüsebrühe
400 g Spinat
400 g Brokkoliröschen

Belag:
200 g Tofu natur
30 g Süßkartoffeln, gekocht
1 EL Sonnenblumenöl
1,5 EL Hefeflocken
1 EL Kräutersalz
40 g gehackte Haselnüsse

Soße:
Möhren-Zwiebel-Soße (siehe Seite 80)
200 ml Sojasahne
400 ml Sojamilch
1 EL Kräutersalz
1 EL Himbeeressig

Den Bulgur nach Grundrezept auf Seite 39 zubereiten. Den Spinat ganz kurz im Wasserdampf garen, bis er zusammen fällt. Den Brokkoli 15 Minuten im Wasserdampf garen. Alle Zutaten für die Soße fein mixen.

Für den Belag Tofu, Süßkartoffel und die Gewürze mixen und anschließend die Haselnüsse dazugeben. In eine gefettete Auflaufform zuerst den Brokkoli, dann den Bulgur geben und darauf den Spinat verteilen. Die Soße dazu gießen und mit dem Belag bestreichen. Bei 200 Grad 30 Minuten backen.

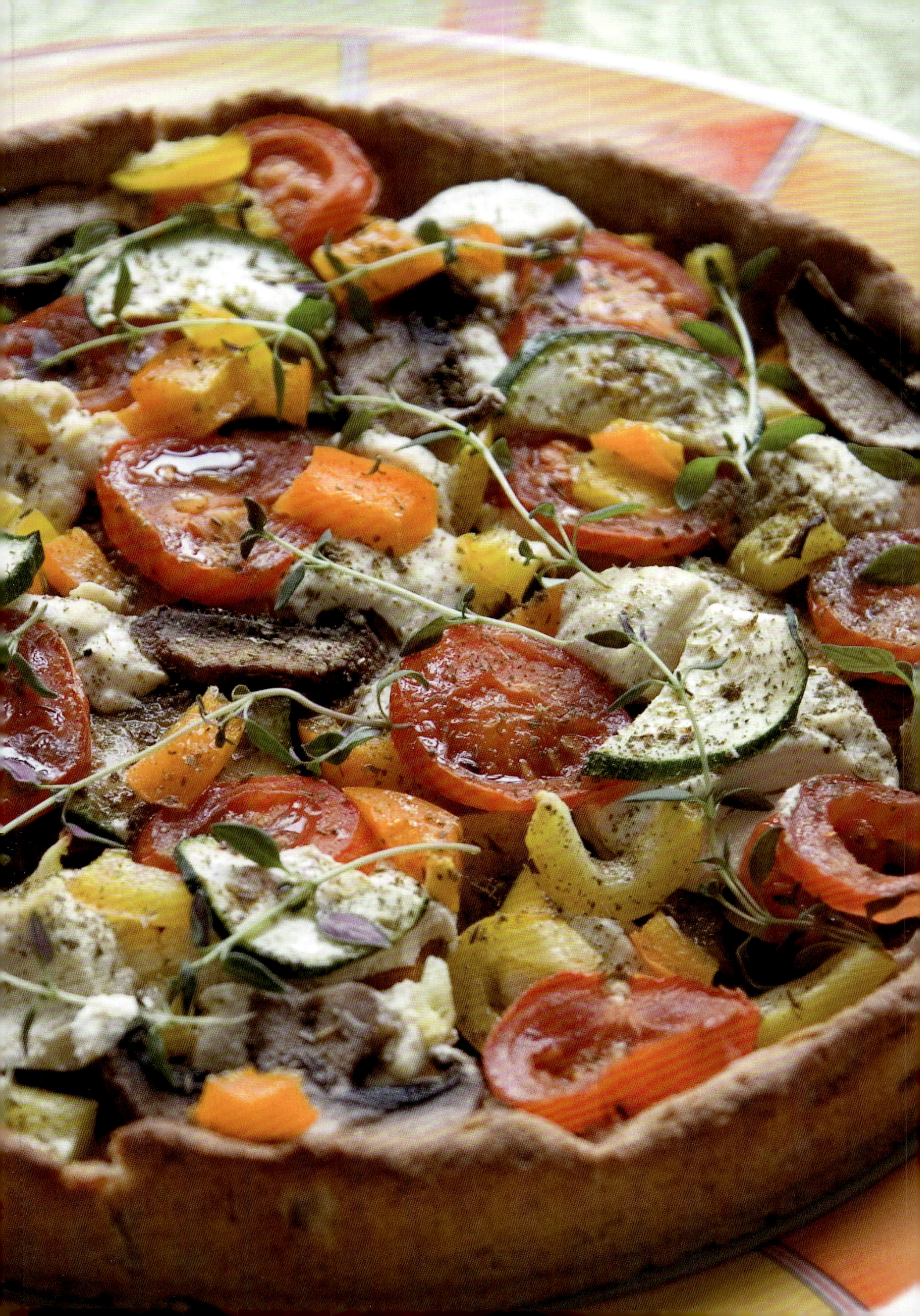

HAUPTGERICHTE

SPINATQUICHE

Für 5 Personen

Belag:
1,5 kg frischer Spinat
250 g Tofu natur
150 ml Sojasahne
2 EL Zitronensaft
1,5 EL Kräutersalz
1/2 TL Muskat
1/2 TL weißer Pfeffer

Boden:
250 g Dinkel, gemahlen
1,5 EL Kräutersalz
2 EL Sojamehl
65 g Olivenöl
125 ml Wasser

Aus den Zutaten für den Boden einen Teig bereiten, auf einer gefetteten Springform ausdrücken und einen Rand ziehen. Den Spinat eine Minute in Wasserdampf garen. Die restlichen Zutaten im Mixer fein pürieren, mit dem abgetropften Spinat vermischen und auf dem Teig verteilen. Bei 200 Grad 30 Minuten backen.

PIZZA VEGANO

Für 3 Personen

Belag:
1 EL Olivenöl
100 g Tomatenmark
100 g Zwiebelringe
1 TL Pizzagewürz
100 g Zucchini
3 Zweige frischer Thymian
100 g Champignons
100 g orange Paprika
1 TL Oregano
1 TL Pizzagewürz
Etwas Kräutersalz
100 g gelbe Paprika
200 g Tomaten
1 EL Pizzagewürz
250 g Tofu natur
100 ml Hafersahne
1 TL Meersalz
1 TL Zitronensaft

Boden:
250 g Dinkel, gemahlen
150 ml Wasser
1 TL Trockenhefe
2 EL Sojamehl
1 EL Kräutersalz
3 EL Olivenöl

Aus den Zutaten für den Boden mit warmem Wasser einen Teig kneten, mit den Händen in eine gefettete Springform drücken und einen Rand ziehen. Mit Olivenöl und Tomatenmark bestreichen. Zucchini, Champignons und Tomaten in dünne Scheiben schneiden, die Paprika in Streifen und die Zwiebeln in ganz feine Ringe. Die Tomaten abtropfen lassen. Alle Zutaten und die Gewürze der Reihenfolge nach gleichmäßig auf dem Boden verteilen.

Tofu mit den Händen zerdrücken, mit Hafersahne, Salz und Zitronensaft vermischen und auf der Pizza verteilen. Bei 200 Grad 30 Minuten backen, am besten im Holz- oder Gasofen, weil dann der Teig knuspriger wird.

HAUPTGERICHTE

LAUCHTARTE

Für 5 Personen

Belag:
600 g Lauch
20 g Olivenöl nativ
1 EL Gemüsebrühe
250 g Tofu natur
65 ml Hafersahne
2 EL Zitronensaft
115 g Zuckermais
1 EL Kräutersalz
1 EL Kümmel
1 TL weißer Pfeffer

Teig:
125 g Grünkern, gemahlen
125 g Dinkel, gemahlen
65 g Bio-Margarine
1,5 EL Kräutersalz
1 EL Sojamehl
140 ml Wasser

Das Mehl mit allen Zutaten verkneten, den Teig mit den Händen auf einer gefetteten Springform ausdrücken und einen Rand hochziehen. Den Lauch in Scheiben schneiden, mit der Brühe vermischen und in Olivenöl weich dünsten. Danach in ein Sieb geben und abtropfen lassen. Den Tofu mit der Hafersahne und dem Zitronensaft cremig mixen. Anschließend die übrigen Zutaten mit dem Lauch vermischen und die Masse auf dem Teig verteilen. Bei 200 Grad 30 Minuten backen.

ZWIEBELKUCHEN

Für 4 Personen

Teig:
300 g Dinkel, gemahlen
1 Päckchen Trockenhefe
1 Prise Vollrohrzucker
1 TL Meersalz
125 ml lauwarme Hafermilch
80 ml Olivenöl
Dinkelmehl
Fett für die Form

Füllung:
1 kg Zwiebeln
4 EL Bratöl
250 g Tofu natur
70 ml Sojasahne
2 EL Zitronensaft
2 EL Kräutersalz
1 TL Kümmel
Etwas schwarzer Pfeffer

Die Zutaten für den Teig vermischen und zugedeckt eine halbe Stunde bei 50 Grad im Ofen gehen lassen. Arbeitsfläche mit Mehl bestäuben und Teig ausrollen. Dann in die gefettete Springform einpassen und einen Rand ziehen. Die Zwiebeln in feine Scheiben schneiden und im Öl braten. Die restlichen Zutaten mixen und mit den Zwiebeln vermischen. Auf dem Boden verteilen und 30 Minuten bei 200 Grad backen.

Randi, Makaio und ich sind am liebsten in der Natur.

Die folgenden 3 Rezepte ergeben zusammen ein wundervolles Mittagessen. Diese Kombination hat besonders meine bayrischen Gäste begeistert, die ja bekanntermaßen traditionelles Essen lieben.

ÜBERBACKENER KARTOFFELBREI

Kartoffeln kochen, schälen, würfeln und dann zusammen mit den übrigen Zutaten pürieren. In eine gefettete Auflaufform füllen und bei 180 Grad 40 Minuten backen.

Für 4 Personen

800 g Kartoffeln
500 ml Sojamilch
3 EL Sonnenblumenöl
1,5 EL Meersalz
1/2 TL Muskat
1 TL weißer Pfeffer

SELLERIESCHNITZEL

Die Sellerie mit der Brotschneidemaschine in 0,5 cm starke Scheiben schneiden. Diese zuerst in Kräutersalz, Sojasoße und Pfeffer, anschließend in dem (miteinander vermischten) Dinkel- und Sojamehl wälzen. Danach kurz in Hafermilch tauchen und zum Schluss mit Paniermehl panieren. Von beiden Seiten im heißen Kokosfett braten, bis sie goldbraun sind.

Für 4 Personen

400 g Knollensellerie
2 EL Kräutersalz
2 EL Sojasoße
1 TL weißer Pfeffer
200 g Dinkel, gemahlen
20 g Sojamehl
500 ml Hafermilch
250 g Paniermehl
Ungehärtetes Kokosfett zum Braten

DEFTIGES SAUERKRAUT

Das Sauerkraut in Wasser und Gemüsebrühe garen, bis es weich wird. Je nach Herkunft ist es manchmal auch schon zart, so dass man es nur noch heiß machen muss. Kümmel dazugeben und zwischenzeitlich die gewürfelten Zwiebeln in Olivenöl goldbraun rösten. Zum Schluss die Zwiebeln, das Apfelmus und die Hefeflocken mit dem Sauerkraut vermischen.

Für 4 Personen

600 g frisches Sauerkraut
300 ml Wasser
1 EL Gemüsebrühe
1 EL Kümmel
150 g Zwiebeln
50 ml Olivenöl
150 g Apfelmus
20 g Hefeflocken

HAUPTGERICHTE

Die folgenden 4 Rezepte ergeben zusammen ein geniales Mittagessen:

FRÜCHTE-CURRY-SOßE

Für 4 Personen

- 250 g Zwiebeln
- 4 EL Erdnussöl
- 3 EL Currypulver
- 50 g Kokosflocken
- 500 ml Dinkelmilch
- 80 g Sultaninen
- 2 Bananen
- 1 EL Gemüsebrühe
- 100 ml Sojasahne
- 20 ml Zitronensaft
- 1 EL Currypaste
- 1 EL Koriander, gemahlen
- 1 EL Meersalz

Die Zwiebeln würfeln und in Erdnussöl dünsten, bis sie weich sind. Curry 5 Minuten mitbraten, dann Kokosflocken kurz mitrösten. Anschließend Dinkelmilch, Sultaninen, Bananen und Brühe dazugeben und aufkochen. Mit den restlichen Zutaten zusammen fein pürieren. Lecker!

KICHERERBSENBÄLLCHEN

Für 4 Personen

- 160 g Kichererbsenmehl
- 4 EL Currypulver
- 1 EL Meersalz
- 480 ml kochendes Wasser
- 2 EL Zitronensaft
- 2 EL Sojamehl

Das Kichererbsenmehl mit den Gewürzen und dem Salz vermischen. Den Zitronensaft in das kochend heiße Wasser geben. Mit einem Schneebesen Wasser und Kichererbsenmehl so schnell und gründlich wie möglich verrühren. Eine Stunde abkühlen lassen. Anschließend mit dem Sojamehl verkneten und mit feuchten Händen kleine Bällchen oder Frikadellen formen, die dann frittiert oder gebraten werden.

NATURREIS MIT ROTEM REIS

Für 4 Personen

- 220 g Naturreis
- 60 g roter Reis
- 560 ml Wasser
- 1 TL Meersalz

Den Naturreis mit dem roten Reis vermischen, Salz und Wasser dazugeben, aufkochen und auf kleiner Flamme köcheln, bis das Wasser verschwunden ist. Die Kochzeit beträgt ca. 45 Minuten.

PASTINAKEN AUF DEM BLECH

Für 4 Personen

- 500 g Pastinaken
- 300 g Möhren
- 50 ml Olivenöl
- 1 EL Kräutersalz

Pastinaken und Möhren in Scheiben schneiden. Alle Zutaten vermischen, auf ein hohes Blech geben und bei 200 Grad 30 Minuten backen.

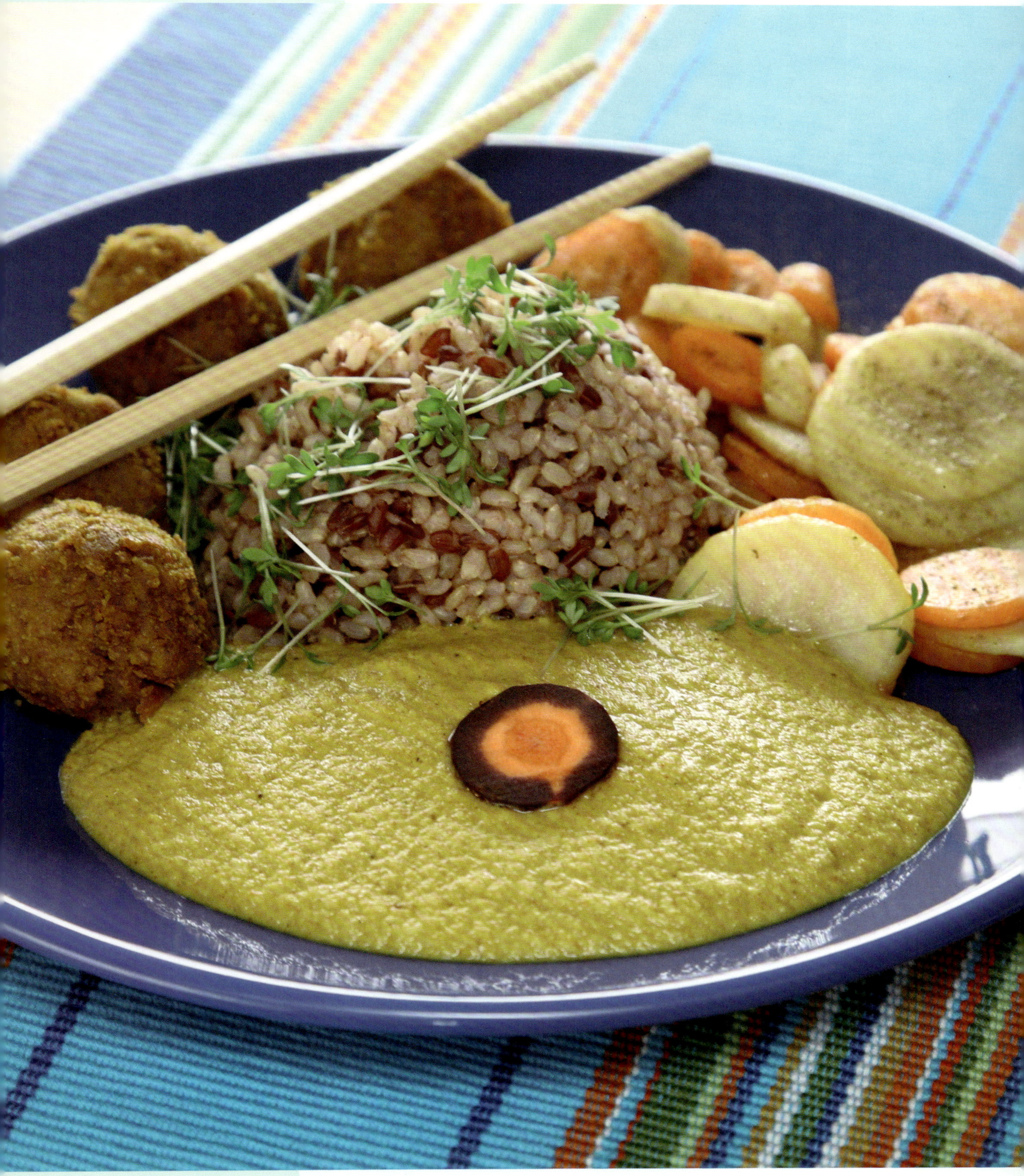

Die folgenden 3 Rezepte ergeben zusammen ein delikates Mittagessen:

ZUCCHINIGEMÜSE

Für 4 Personen

800 g Zucchini
4 EL Olivenöl
4 EL Currypulver
1 EL Ingwer, gemahlen
1 EL Koriander, gemahlen
1 EL Kreuzkümmel, gemahlen
1,5 EL Zitronensaft
1,5 EL Kräutersalz
300 g Sojajoghurt
150 ml Sojasahne
1 EL Agavendicksaft

Zucchini in dünne Scheiben schneiden und 10 Minuten in Olivenöl braten, die Gewürze 5 Minuten mitrösten. Kurz vor Schluss Kräutersalz und Zitronensaft dazugeben. Dann die restlichen Zutaten zufügen und gut verrühren. Noch einmal kurz erhitzen.

HAFER-RISOTTO

Für 4 Personen

270 g Hafer geschält
540 ml Wasser
1 EL Gemüsebrühe
125 g Zwiebeln
125 g Champignons
3 EL Olivenöl
60 g Erbsen aus dem Glas
300 ml Früchte-Curry-Soße (siehe Seite 74)
50 g Mandeln

Den Hafer in Wasser und Gemüsebrühe wie Reis kochen. Währenddessen die gewürfelten Zwiebeln in Olivenöl braten, bis sie weich sind. Champignons in Scheiben schneiden, dazugeben und 5 Minuten mitdünsten. Die Mandeln bei 150 Grad 15 Minuten rösten, dann hacken. Hafer, Zwiebeln, Champignons, Erbsen, Früchte-Curry-Soße und Mandeln miteinander vermischen.

HAUPTGERICHTE

SÜSSKARTOFFELBREI

Für 4 Personen

800 g Süßkartoffeln
100 g vegane Majo
20 ml Olivenöl
1,5 EL Kräutersalz

Süßkartoffeln kochen. Alle Zutaten fein mixen, in eine gefettete Auflaufform füllen und bei 200 Grad eine halbe Stunde überbacken. Macht süchtig!

Die folgenden 2 Rezepte ergeben zusammen ein reichhaltiges Menü:

NUDELPESTO MIT AUSTERNPILZEN

Für 5 Personen

350 g Spaghetti
2 Knoblauchzehen
50 g getrocknete Tomaten
80 g Olivenöl
1 TL Kräutersalz
200 g Zwiebeln
5 EL Olivenöl

300 g Austernpilze
100 g rote Paprika
2 EL Sojasoße
100 g Sonnenblumenkerne, geröstet
1 Bund frischer Salbei
1/2 Bund frische Petersilie

Die Spaghetti in Salzwasser kochen. Knoblauch, getrocknete Tomaten, Olivenöl und Kräutersalz zu einem Pesto mixen. Die gehackten Zwiebeln in Olivenöl dünsten, bis sie weich sind, dann die geschnittenen Austernpilze und die Paprikawürfel hinzufügen, noch 7 Minuten mitgaren und mit Sojasoße ablöschen. Das Pesto, das Gemüse, die Sonnenblumenkerne und den gehackten Salbei mit den Spaghetti vermischen und mit Petersilie bestreut servieren.

ZUCCHINI-BROKKOLI-GEMÜSE IN PAPRIKASOSSE

Für 5 Personen

600 g Zucchini
1 EL Zitronensaft
1 EL Kräutersalz
5 EL Olivenöl
600 g Brokkoli

Für die Soße:
300 g rote Paprika
250 ml Sojamilch
160 ml Sojasahne
50 g vegane Majo
1,5 EL Kräutersalz
1 EL Paprikapulver

Die Zucchini in Scheiben schneiden und in Olivenöl braten. Kurz vor Schluss Zitronensaft und Kräutersalz hinzufügen. Den Brokkoli 15 Minuten im Wasserdampf garen und dann in Röschen zerteilen. Die Zutaten für die Soße im Mixer fein pürieren und mit dem Gemüse vermischen.

HAUPTGERICHTE

Die folgenden 3 Rezepte ergeben zusammen ein perfektes Mittagsgericht:

GEFÜLLTE ZUCCHINI

Für 5 Personen

500 g Zucchini
250 g Tofu natur
75 g Zucchinifleisch
50 g Paprikapaste
oder Pesto
50 g Cornflakes natural
2 EL Olivenöl

1 EL Zitronensaft
5 Tropfen Zitronenöl
1 EL Kräutersalz
1 EL Paprikapulver
1 EL Hefeflocken
250 g Tomaten

Zucchini halbieren und aushöhlen. Alle restlichen Zutaten fein mixen und die Zucchini damit füllen. Das Ganze auf ein gefettetes Backblech setzen, die Tomatenscheiben darauf verteilen und bei 200 Grad 30 Minuten backen.

PASTASOßE

Für 5 Personen

625 g Karotten
375 g Tomaten
625 ml Tomatenpüree
4 EL Gemüsebrühe
1 TL Kräutersalz

1 EL Agavendicksaft
125 ml Hafersahne
Etwas Chili
Etwas Pfeffer
1 EL Oregano

Tomaten in feine Würfel schneiden, mit Tomatenpüree in einen Topf geben und erhitzen. Karotten in dünne Scheiben schneiden. Mit Gemüsebrühe und Salz zu den Tomaten geben und kochen, bis die Karotten gar sind. Mit den restlichen Zutaten abschmecken.

POLENTA

Für 5 Personen

250 g Polenta
1000 ml Wasser
2 EL Gemüsebrühe
25 g Bio-Margarine
1 EL Meersalz
1 EL Kreuzkümmel, gemahlen

Das Wasser mit der Brühe zum Kochen bringen und die Polenta mit dem Schneebesen einrühren. Noch 5 Minuten köcheln und dann ausquellen lassen. Die restlichen Zutaten hinzufügen, das Ganze auf ein geöltes Backblech streichen und 30 Minuten bei 200 Grad backen.

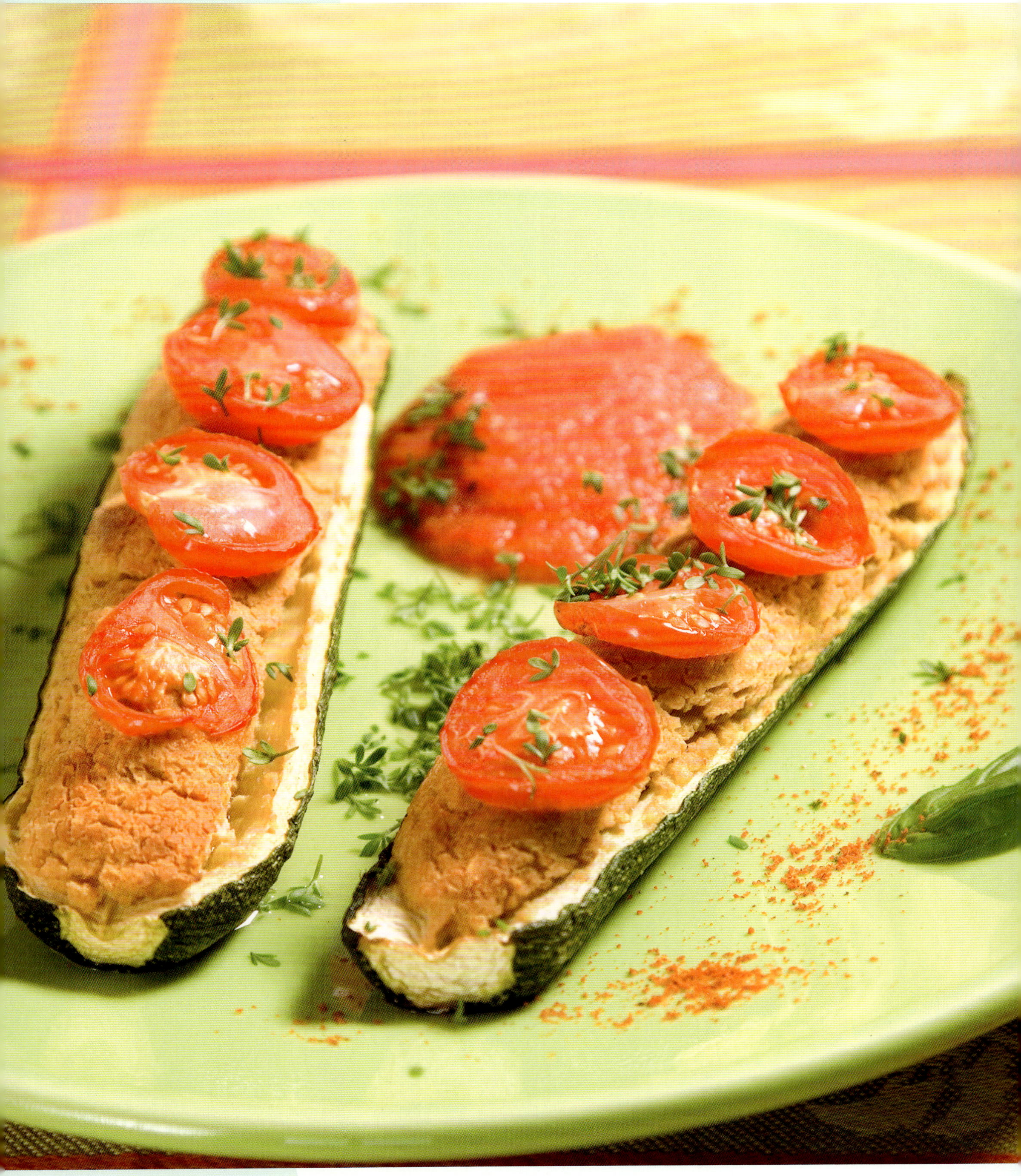

HAUPTGERICHTE

Die folgenden 2 Rezepte ergeben zusammen eine tolle Mittagsmahlzeit:

FEINER BLUMENKOHL AN MÖHREN-ZWIEBEL-SOßE

Der frische Dill verleiht der Soße die besondere Note.

Für 5 Personen

1000 g Blumenkohl
500 g Möhren
1 EL Gemüsebrühe
500 ml Wasser
125 g Zwiebeln
3 EL Olivenöl
250 ml Sojamilch
100 ml Sojasahne
1,5 EL Zitronensaft
1 Bund frischer Dill
2,5 EL Kräutersalz

Den Blumenkohl zerteilen und 15 Minuten im heißen Wasserdampf garen. Für die Soße die Möhren in Scheiben schneiden und in Wasser und Brühe weich kochen. Die Zwiebeln fein hacken und solange in Olivenöl braten, bis sie weich sind. Alles zusammen mit den übrigen Zutaten fein pürieren und mit dem Blumenkohl und den Blechkartoffeln servieren.

BLECHKARTOFFELN

Für 5 Personen

1250 g Kartoffeln, festkochend
2 EL Kräutersalz
2 EL Paprikapulver
2 EL Currypulver
100 ml Olivenöl

Die Gewürze und das Olivenöl mit dem Schneebesen verrühren und einen Teil auf ein Backblech streichen. Die Kartoffeln halbieren und mit der Schnittfläche nach unten auf das Blech legen. Von oben mit dem restlichen Gewürzöl bestreichen und bei 200 Grad 30 Minuten backen. Ich hatte noch keinen Gast, der von diesen Blechkartoffeln nicht begeistert war!

Die folgenden 3 Rezepte ergeben zusammen ein harmonisches Gericht:

ROTES LINSENMUS

Für 4 Personen

300 g rote Linsen
650 ml Wasser
150 g Zwiebeln
Erdnussöl zum Braten
1 EL Kräutersalz
1 EL Paprikapulver
1 EL Currypulver
1 EL dunkler Balsamessig
1 EL Meersalz
1 EL Kreuzkümmel, gemahlen
1 EL Koriander, gemahlen

Die gehackten Zwiebeln in Öl, Curry, Paprika und Kräutersalz schmoren. Rote Linsen 5 Minuten mitbraten, dann mit Wasser aufgießen und auf kleiner Flamme weich kochen. Am Schluss den Balsamessig, Meersalz, Kreuzkümmel und Koriander hinzugeben.

WEIẞKOHLGEMÜSE

Für 4 Personen

1000 g Weißkohl, geschnitten
Olivenöl zum Braten
1 EL Gemüsebrühe
150 ml Hafersahne
1 EL Currypulver
1 EL Kräutersalz

Den Weißkohl 25 Minuten in Olivenöl braten, dann die Brühe zugeben und mit geschlossenem Topf noch 10 Minuten garen. Am Schluss die restlichen Zutaten hinzufügen.

BÄRLAUCH-HANF-BRATLINGE

Für 4 Personen

200 g Dinkel, geschrotet
400 ml Wasser
1 TL Meersalz
70 g gehackter Bärlauch
20 g Hanfsamen
2 EL Sojamehl
1 EL Kräutersalz
1 EL Currypulver
Kokosfett zum Braten

Wasser mit Salz zum Kochen bringen, mit einem Schneebesen vorsichtig den Dinkelschrot nach und nach hineinrühren, ausquellen und abkühlen lassen. Die übrigen Zutaten hinzufügen und mit nassen Händen kleine Bratlinge formen. Von beiden Seiten in Kokosfett goldbraun braten. Es bleibt garantiert nichts übrig!

Ich hatte eine wundervolle Zeit mit meinem Sohn Elian im Park von Puttbus auf Rügen, der wunderschön angelegt ist. Im Frühjahr wachsen dort unglaubliche Mengen an Bärlauch. Während ich es genossen habe, den Bärlauch für meine nächsten Kochseminare zu sammeln, fand Elian es gleichermaßen faszinierend herauszufinden, wie sich die Erde von Maulwurfhügeln anfühlt.

HAUPTGERICHTE

Die folgenden 2 Rezepte ergeben zusammen ein wundervolles Mittagessen:

MAIS-BOHNENGEMÜSE IN ROTER PAPRIKASOßE

Für 4 Personen

- 170 g weiße Bohnen
- 340 ml Wasser
- 250 g Zuckermais
- 2 EL Olivenöl
- 200 g rote Paprika
- 120 ml Sojamilch
- 60 g vegane Majo
- Etwas Zitronensaft
- 2 EL Kräutersalz
- 1 EL Paprika, gemahlen

Die Bohnen über Nacht einweichen, abgießen und in der doppelten Menge Wasser ca. 1,5 Stunden kochen. Den Mais in Olivenöl braten. Die Paprika schneiden und mit den übrigen Zutaten fein mixen. Zusammen mit dem Mais und den Bohnen kurz erhitzen und servieren. Passt hervorragend zu Naturreis mit gerösteten Mandeln und Auberginen auf dem Blech.

AUBERGINEN AUF DEM BLECH

Für 4 Personen

- 600 g Auberginen
- 80 ml Olivenöl
- 1 EL Zitronensaft
- 1 TL weißer Pfeffer
- 1,5 EL Kräutersalz

Die Auberginen in dünne Scheiben schneiden. Alle Zutaten miteinander vermischen, auf ein Backblech geben und bei 200 Grad 30 Minuten backen.

Die folgenden 3 Rezepte ergeben zusammen ein köstliches Mittagessen:

TORTILLAS

Für 5 Personen

500 g Dinkel, gemahlen
350 ml Hafermilch
20 ml Erdnussöl
1 EL Meersalz
2 EL Sojamehl
250 g Dinkel, gemahlen (zum Ausrollen)

Alle Zutaten zu einem Teig verkneten. Den Teig in 5 Teile aufteilen und daraus Bällchen formen. Dinkelmehl auf der Arbeitsfläche verteilen, die Bällchen mit einem Nudelholz flach drücken und von beiden Seiten mit Mehl einreiben. Dann zu feinen Fladen ausrollen und bei 200 Grad (kleine Flamme) jeweils 7 Minuten von beiden Seiten in einer trockenen Pfanne rösten.

ROTE CHILIBOHNEN

Für 5 Personen

250 g rote Bohnen
500 ml Wasser
230 ml Tomatenpüree
1 EL Tabasco
1 EL Vollrohrzucker
1,5 EL Kräutersalz
2 EL Paprika, gemahlen

Die Bohnen waschen und über Nacht in Wasser einweichen. Einweichwasser weggießen und mit frischem Wasser solange kochen, bis sie weich sind. Die Bohnen abtropfen und mit den übrigen Zutaten vermischen.

BEILAGE ZU ROTEN CHILIBOHNEN UND TORTILLAS

Für 5 Personen

400 g Zuckermais
Olivenöl zum Braten
250 g Tomaten
200 g Salatgurken
500 g Salat
500 ml Joghurt-Curry-Dip
(siehe Seite 65)

Den Zuckermais in Olivenöl braten. Tomaten und Salatgurken würfeln und den Salat grob zerkleinern. Alle übrigen Zutaten werden zusammen mit den roten Bohnen nach Belieben auf den Tortillas verteilt und mit dem Joghurt-Curry-Dip übergossen.

HAUPTGERICHTE

Die folgenden 2 Rezepte ergeben zusammen eine ideale Mahlzeit:

ROTES RISOTTO

Für 4 Personen

- 125 g roter Reis
- 125 g Naturreis
- 500 ml Wasser
- 1/2 TL Kristallsalz
- 200 g Erbsen im Glas
- 100 g Zuckermais
- 50 g Pesto Rosso
- 50 ml Hafermilch
- 1 geh. EL vegane Majo
- 1 TL Kräutersalz

Die beiden Reissorten vermischen, in Salzwasser kochen und die restlichen Zutaten unterrühren.

FRISCHER SPINAT

Für 4 Personen

- 800 g Spinat
- 200 ml Hafersahne
- 2 EL Gemüsebrühe
- Etwas Muskat
- Etwas Pfeffer

Den Spinat im Wasserdampf garen, bis er zusammenfällt und mit den übrigen Zutaten mixen. Schmeckt super und passt hervorragend zu dem Risotto und einem veganen Hacksteak.

Die folgenden 3 Rezepte ergeben zusammen ein besonderes Mittagessen:

GURKEN-DILL-GEMÜSE

Für 4 Personen

- 800 g Salatgurken
- 400 ml Wasser
- 2 EL Gemüsebrühe
- 3,5 EL Senf
- Etwas Kräutersalz
- 1 EL Agavendicksaft
- 200 ml Sojasahne
- 30 g Maisstärke
- 100 ml Wasser
- 1 Bund Dill

Die Gurken vierteln und in 2 cm große Stücke schneiden. In Wasser und Brühe 10 Minuten auf kleiner Flamme garen. Brühe abgießen. Sahne, Senf, Kräutersalz und Agavendicksaft verrühren und zum Kochen bringen. Maisstärke mit Wasser anrühren und in die kochende Flüssigkeit geben. Diese Soße über die gegarten Gurken gießen, frisch gehackten Dill darüber streuen und servieren!

GRÜNKERNBRATLINGE

Für 5 Personen

200 g Grünkern, fein geschrotet
400 ml Wasser
1 EL Gemüsebrühe
75 g Zwiebeln
1 EL Sojasoße
2 EL Sojamehl
1 TL Kräutersalz
1 EL Hefeflocken
Etwas Pfeffer
1/2 TL Muskat
1 EL Paprika, gemahlen
1 Zweig Salbei, frisch
5 Blätter Liebstöckl, frisch
Kokosfett zum Braten

Wasser mit Brühe zum Kochen bringen, Grünkernschrot mit dem Schneebesen einrühren, bis er aufgequollen ist. Abkühlen lassen. Die Zwiebeln fein schneiden und die Kräuter hacken. Alle Zutaten vermischen und kleine Bratlinge formen. Diese im heißen Kokosfett von beiden Seiten goldbraun braten. Variante: Kleine Bällchen formen und frittieren!

KÜRBIS AUF DEM BLECH

Für 5 Personen

800 g grüner Hokkaidokürbis
75 ml Erdnussöl nativ
3 EL Currypulver
2 EL Kräutersalz
3 EL Paprikapulver

Den Kürbis schälen und in 3 cm große Würfel schneiden. Mit den anderen Zutaten vermischen, auf ein hohes Blech geben und 30 Minuten bei 200 Grad backen.

HAUPTGERICHTE

Die folgenden 3 Rezepte ergeben zusammen ein wundervolles Mittagessen:

JUNGE MÖHREN IN KÜRBISSOßE

Für 4 Personen

- 550 g junge Möhren
- 600 g Hokkaidokürbis
- 700 ml Wasser
- 1,5 EL Gemüsebrühe
- 150 ml Sojasahne
- 100 ml vegane Majo
- 1 TL Zitronensaft
- 1,5 EL Agavendicksaft
- 3 EL Kräutersalz
- 1 EL Koriander, gemahlen
- 2 EL Dill, gerebelt

Die Möhren in Scheiben schneiden und dünsten. Den Kürbis in Stücke schneiden, in Wasser und Gemüsebrühe kochen und mit den restlichen Zutaten mixen. Die so entstandene Soße mit den Möhren vermischen und servieren. Schmeckt sehr delikat!

BULGUR IN GEMÜSEBRÜHE

Für 4 Personen

- 280 g Bulgur
- 500 ml Wasser
- 2 EL Gemüsebrühe

Das Wasser mit der Brühe zum Kochen bringen und den Bulgur vorsichtig mit dem Schneebesen einrühren, 5 Minuten köcheln und dann ausquellen lassen.

GEBRATENER TEMPEH

Für 4 Personen

- 400 g Tempeh
- 4 EL Shoyu
- 3 EL Zitronensaft
- 5 EL Erdnussöl

Den Tempeh in dünne Scheiben schneiden, in Shoyu und Zitronensaft marinieren und in Erdnussöl von beiden Seiten goldbraun braten. Gehört zu meinen Lieblingsgerichten.

Die folgenden 3 Rezepte ergeben zusammen ein schmackhaftes Mittagessen:

SAMSTAG-ABEND-BRATLINGE

Für 4 Personen

Diese Art von Bratlingen servierte ich traditionell am letzten Abend meiner Kochwochen, zusammen mit einem wundervollen Kartoffelsalat, den Du auf Seite 58 findest. Die ungeraden Grammangaben bei den Zutaten hängen damit zusammen, dass ich die Mengen gemessen habe, als ich für 36 Personen gekocht habe, und nun die Werte entsprechend teilen muss.

110 g trockenes Vollkornbrot
110 g gekochte Nudeln (Gewicht nach d. Kochen)
110 g gekochten Reis (Gewicht nach d. Kochen)
110 g gekochtes Gemüse (z. B. Pastinaken)
110 g Zwiebeln
1 EL Currypulver
1 EL Paprika, gemahlen
1 EL Koriander, gemahlen
1 EL Kräutersalz
1 EL Sojamehl
1 TL Kreuzkümmel, gemahlen
1 Zweig frischer Liebstöckl, gehackt
1 Knoblauchzehe
Kokosfett zum Braten

Das Brot fein mixen. Nudeln, Reis, Gemüse und Zwiebeln mixen. Man kann statt Nudeln und Reis auch 2 Teile Reis oder 2 Teile Nudeln nehmen. Die Masse mit den gehackten Kräutern, dem gepressten Knoblauch und den restlichen Zutaten vermischen, mit nassen Händen kleine Bratlinge formen und in heißem Kokosfett braten.

TOFU-RÜHREI

Für 4 Personen

200 g Zwiebeln
6 EL Erdnussöl nativ
400 g Tofu natur
3 EL Currypulver
1 EL Kreuzkümmel, gemahlen
1 EL Koriander, gemahlen
200 g Zuckermais
2 EL Zitronensaft
3 EL Sojasoße

Die Zwiebeln in Erdnussöl weich braten, dann den Tofu zerkrümeln und in die Pfanne geben. Nach 10 Minuten Curry, Kreuzkümmel und Koriander hinzugeben und weitere 5 Minuten garen. Zum Schluss Mais, Sojasoße und Zitronensaft zufügen und noch 2 Minuten auf der Flamme lassen.

PAPRIKA ROT GRÜN GELB

◀ **Für 4 Personen**

800 g Paprika rot, grün, gelb
4 EL Olivenöl
200 ml Sojasahne
150 g vegane Remoulade
1 EL Kräutersalz

Paprika schneiden, in Olivenöl braten und mit den restlichen Zutaten abschmecken. Einfach und göttlich.

HAUPTGERICHTE

Die folgenden 3 Rezepte ergeben zusammen ein zauberhaftes Mittagessen:

CURRY-REIS

Für 4 Personen

250 g Naturreis
500 ml Wasser
1 TL Meersalz
3 EL Erdnussöl
2 EL Curry
1 EL Koriander, gemahlen
1 EL Kreuzkümmel, gemahlen
1 EL Ingwer, gemahlen
50 g Kokosflocken
50 g Rosinen

Reis in Salzwasser kochen. Die Gewürze und die Kokosflocken kurz in Erdnussöl anbraten, den Reis mitbraten und die Rosinen hinzufügen.

TOFUBÄLLCHEN

Für 4 Personen

1 große Zwiebel
3 EL Erdnussöl
400 g Tofu natur
1 große Möhre
30 g Haferflocken
2 EL gerösteter Sesam
2 EL Sojamehl
2 EL Sojasoße
2 EL Kräutersalz
Etwas weißer Pfeffer
1 EL Paprika, gemahlen
Bratöl zum Braten

Zwiebeln fein hacken und in Erdnussöl glasig dünsten. Tofu mit der Gabel zerdrücken, die Möhre raspeln und mit allen anderen Zutaten zu einem festen Teig verarbeiten. Kleine Bällchen formen und braten.

MANGOLDGEMÜSE

Für 4 Personen

800 g Mangold
80 ml Olivenöl
250 ml Hafersahne
300 ml Wasser
1,5 EL Gemüsebrühe
1 TL Muskat, gemahlen
1,5 TL Kräutersalz
Etwas weißer Pfeffer
35 g Maisstärke
100 ml Wasser

Mangold in Blätter und Stiele aufteilen. Die klein geschnittenen Stiele zuerst in Olivenöl dünsten, bis sie weich sind. Dann die zerkleinerten Blätter hinzufügen und 5 Minuten mitdünsten.

Hafersahne, Wasser, Brühe und die Gewürze zum Kochen bringen, die Maisstärke in kaltem Wasser mit dem Schneebesen anrühren und in die kochende Flüssigkeit einrühren. Soße mit Mangold vermischen. Dazu passt auch Hirse.

Tipp: Sehr ansprechend sieht auch roter Mangold aus.

Die folgenden 2 Rezepte ergeben zusammen eine reichhaltige Mahlzeit:

PASTA GRANDE

Für 4 Personen

- 400 g Bandnudeln
- 400 g Brokkoli
- 250 g Tofu Rosso
- 2 EL rotes Pesto
- 100 ml Olivenöl
- 4 EL Hefeflocken
- 3 EL Kräutersalz
- 1 TL Pfeffer
- 1 Bund Schnittlauch
- 1 Bund Zitronenmelisse

Die Bandnudeln kochen und den Tofu zerbröseln. Brokkoli in Stücke schneiden, dünsten und noch warm mit den fein gehackten Kräutern sowie den übrigen Zutaten vermischen.

ZUCCHINI PROVENCAL

Für 4 Personen

- 800 g Zucchini
- 40 ml Olivenöl
- 25 ml Zitronensaft
- 2 EL Kräutersalz
- 1/2 TL weißer Pfeffer
- 2 EL Kräuter der Provence

Die Zucchini in feine Scheiben schneiden. Mit dem Olivenöl, dem Zitronensaft, dem Kräutersalz, dem Pfeffer und den Kräutern der Provence vermischen, auf ein Backblech geben und bei 200 Grad 30 Minuten backen.

HAUPTGERICHTE

Die folgenden 2 Rezepte ergeben zusammen ein wundervolles Mittagessen:

PAPRIKA MIT CHAMPIGNONFÜLLUNG

Für 5 Personen

150 g Zwiebeln
40 ml Olivenöl
700 g Champignons
2 EL Sojasoße
1 EL Kräutersalz
2 EL Paprika, gemahlen
900 g Paprika
(rot, gelb und grün)

250 g Vollkorn-Basmatireis
750 ml Wasser
1 TL Himalayasalz
250 g Tofu natur
200 ml Sojasahne
2 EL Zitronensaft

Die Zwiebeln fein schneiden und in Olivenöl goldgelb braten, die in Scheiben geschnittenen Pilze dazugeben und 10 Minuten mitbraten. Mit den Gewürzen abschmecken. Reis mit Wasser und Salz kochen. Tofu, Sojasoße und Zitrone fein mixen, mit Reis und Pilzen vermischen und in die halbierten Paprika füllen. Die gefüllten Paprika auf ein gefettetes Blech setzen und bei 200 Grad 30 Minuten backen.

BUSCHBOHNEN-TOMATEN-GEMÜSE

Für 5 Personen

500 g Buschbohnen
2 EL Olivenöl
900 g Tomaten
Je 1 Stengel frische Zitronenmelisse, Salbei, Pimpinelle
125 g vegane Remoulade
1 EL Kräutersalz
Etwas weißer Pfeffer

Die Buschbohnen eine halbe Stunde im Wasserdampf garen. Tomaten in Scheiben schneiden und mit Olivenöl in einer Pfanne erhitzen, Buschbohnen und die gehackten frischen Kräuter hinzugeben. Aufkochen und mit den restlichen Zutaten abschmecken.

Die folgenden 2 Rezepte ergeben, zusammen mit Reis oder Hirse, ein tolles Menü:

KICHERERBSENCURRY

Für 4 Personen

160 g Kichererbsen
320 ml Wasser
200 g Sojajoghurt
100 ml Reismilch
50 g vegane Majo

Etwas Zitronensaft
1 TL Currypaste
Etwas frischer Ingwer
1 EL Koriander, gemahlen
1 EL Meersalz

Die Kichererbsen über Nacht in der doppelten Menge Wasser einweichen, dieses dann weggießen und mit der gleichen Menge frischem Wasser ungefähr eineinhalb Stunden kochen. Wasser abgießen. Den fein geraspelten Ingwer sowie die restlichen Zutaten hinzufügen und gut verrühren.

GEFÜLLTE PAPRIKA FÜR HERZ UND VERSTAND

Für 4 Personen

Produkte aus der gelben Sojabohne haben erstaunliche gesundheitsfördernde Eigenschaften, wie ich im Folgenden beschreibe. Da dieses Rezept viel Tofu enthält, kam mir die Idee zu obigem Rezeptnamen.

Der Verzehr von Sojaprodukten aktiviert den Eiweißstoffwechsel, stimuliert die Regeneration des Bindegewebes, verbessert das Zellwachstum und wirkt somit verjüngend. Gedächtnisleistung und Konzentrationsfähigkeit werden gesteigert. Soja stimuliert die Bildung von Magensäure und verbessert den Stoffwechsel von Eisen und Kalzium. Sie hilft bei Müdigkeit, Apathie und Angstzuständen, beruhigt die Nerven, hilft dabei, Übergewicht abzubauen, reguliert den Fettstoffwechsel und fördert die Abfuhr des Fettes aus der Leber. Sojaverzehr ist eine gute Prophylaxe gegen Osteoporose und senkt das Risiko eines Herzinfarktes. Sojaeiweiß senkt den serosen Cholesterinspiegel und das „schlechte Cholesterin" in kurzer Zeit und verhindert dadurch Gefäß- und Herzkrankheiten.

450 g rote oder gelbe Paprika
400 g Tofu natur
100 g vegane Majo
65 ml Sojamilch
40 g Cornflakes natural
1 EL Zitronensaft
1,5 EL Kräutersalz
2 EL Hefeflocken

Die Paprika halbieren, aushöhlen und mit der Öffnung nach oben auf ein gefettetes Backblech setzen. Die übrigen Zutaten in der Küchenmaschine cremig mixen und in die Paprikahälften füllen. Bei 200 Grad 30 Minuten backen.

HAUPTGERICHTE

Die folgenden 2 Rezepte ergeben zusammen ein leckeres Essen:

PAPRIKAGEMÜSE MIT LUPINEN TOFU

Für 5 Personen

200 g Lupinen Tofu
1 EL Zitronensaft
1 EL Sojasoße
900 g rote und
gelbe Paprika
3 EL Olivenöl
1 EL Gemüsebrühe
1 EL Sojasoße
150 g Zuckermais
200 ml Hafersahne
200 ml Reismilch
1 EL Currypaste
1 EL Kräutersalz
1 TL Zitronensaft

Lupinen Tofu würfeln und in Zitronensaft und Sojasoße einlegen. Paprika in Olivenöl dünsten. Nach 5 Minuten den Lupinen Tofu hinzufügen und mitbraten. Die Brühe, Sojasoße und den Zuckermais kurz vor Schluss in die Pfanne geben. Mit den übrigen Zutaten abschmecken.

GRIEßKNÖDEL

Für 5 Personen

200 g Dinkelgrieß
350 ml Wasser
350 ml Sojamilch
1 EL Margarine
2 EL Sojamehl
2 EL Hefeflocken
2 EL Kräutersalz
Reichlich kochendes Salzwasser

Sojamilch, Wasser und Margarine zum Kochen bringen. Grieß mit dem Schneebesen einrühren. Unter ständigem Rühren 10 Minuten köcheln, bis eine dicke Masse entsteht. Abkühlen lassen. Kräutersalz, Hefeflocken und Sojamehl hinzufügen. Mit angefeuchteten Händen Knödel formen und diese vorsichtig in das kochende Salzwasser gleiten lassen. Sobald die Knödel nach oben steigen, können sie mit dem Schaumlöffel herausgenommen werden.

DICKE-BOHNEN-GEMÜSE MIT TOMATEN

Für 4 Personen

500 g dicke Bohnen
700 g Tomaten
2 EL Olivenöl
1 Bund frischer Oregano,
Zitronenmelisse, Thymian,
Pimpinelle gemischt
3 EL Kräutersalz

Dicke Bohnen, auch Saubohnen genannt, sind mein Lieblingsgemüse. Ich habe sie erstmals in Spanien als „Habas" kennen gelernt und selbst jahrelang angebaut.

Die dicken Bohnen in Olivenöl schmoren, bis sie weich sind. In Scheiben geschnittene Tomaten und die grob zerkleinerten Kräuter zufügen und kurz dünsten. Mit Kräutersalz abschmecken. Passt sehr gut zu jungen Kartoffeln.

EAT VEGAN – FLY HIGH!

SUPPEN & EINTÖPFE

SUPPEN & EINTÖPFE

Was gibt es Schöneres, als an einem kalten Winterabend am Holzofen zu sitzen und einen leckeren Eintopf zu schlürfen! Die Mengenangaben beziehen sich immer auf die Suppe als Beilage, nicht als Hauptgericht.

BUNTER LINSENEINTOPF

Für 5 Personen

170 g braune Linsen
1,1 Liter Wasser
1,5 EL Gemüsebrühe
4 Lorbeerblätter
130 g Kartoffeln
130 g Möhren
130 g Sellerie
100 g Tofu-Puszta-Würstchen
(oder Räuchertofu)
2 EL Olivenöl

200 ml Möhren-Zwiebel-Soße
(siehe Seite 80)
oder 100 g gekochtes Gemüse
1,5 EL Apfelessig
1 EL Majoran
1 EL Kräutersalz
1 EL Currypulver
2 EL Hefeflocken
1 TL Vollrohrzucker
1 Bund Petersilie

Die braunen Linsen in Wasser, Gemüsebrühe und Lorbeerblättern kochen. Nach 10 Minuten das gewürfelte Gemüse dazugeben und noch weitere 5 Minuten kochen. Die gewürfelten Tofu-Würstchen in Olivenöl braten und zusammen mit allen restlichen Zutaten hinzufügen. Zum Schluss die Petersilie unterrühren und teilweise als Garnitur verwenden.

LINSEN-BROKKOLI-TOFU-EINTOPF

Für 5 Personen

125 g Tofu natur
1 EL Sojasoße
1 EL Zitronensaft
2 EL Currypulver
3 EL Erdnussöl
175 g Kürbis
150 g Brokkoli
175 g Möhren
250 g Kartoffeln

1,5 EL Gemüsebrühe
70 g rote Linsen
1 Liter Wasser
75 g vegane Majo
50 ml Hafersahne
1 TL Zitronensaft
1 EL Kräutersalz
2 EL Majoran
Etwas frischer Ingwer

Eine harmonische Komposition aus verschiedenen Gemüsesorten, Hülsenfrüchten und Gewürzen.

Den Tofu würfeln, in Sojasoße, Zitronensaft, Curry einlegen und in Erdnussöl braten. Das gewürfelte Gemüse und die Linsen in Wasser und Gemüsebrühe kochen. Tofu, fein geriebenen Ingwer und die restlichen Zutaten hinzufügen und auf der Zunge zergehen lassen! Tipp: Mit Kürbiskernöl servieren.

SUPPEN & EINTÖPFE

KÜRBISSUPPE MIT BROKKOLI UND KARTOFFELSTÜCKCHEN

Für 4 Personen

500 g Hokkaidokürbis
700 ml Wasser
250 g Brokkoli
200 g Kartoffeln
100 ml Sojasahne

2 EL Apfelmus
1 EL Gemüsebrühe
1 EL Kräutersalz
1 TL Koriander, gemahlen
Etwas frischer Ingwer

Den Kürbis in Stücke schneiden, im Wasser kochen und fein pürieren. Brokkoli und Kartoffeln ebenfalls klein schneiden, den Ingwer fein reiben und mit den restlichen Zutaten hinzufügen.

HOKKAIDOKÜRBISCREME MIT FRISCHEM INGWER

Für 5 Personen

600 g Hokkaidokürbis
200 g Kartoffeln
800 ml Wasser
2 EL Gemüsebrühe
100 g vegane Majo
50 ml Hafersahne
Etwas frischer Ingwer

1 EL Currypaste
1 EL Agavendicksaft
2 EL Zitronensaft
1 TL Kreuzkümmel, gemahlen
1 EL Koriander, gemahlen
1 EL Meersalz

Die beste Kürbissuppe der Welt!

Den Kürbis und die Kartoffeln in Stücke schneiden und in Brühe kochen. Die restlichen Zutaten hinzufügen, fein mixen und abschmecken (Foto siehe Seite 94).

KARTOFFELCREME MIT MUSKAT

Für 5 Personen

330 g Kartoffeln
170 ml Wasser
750 ml Hafermilch
1 EL Gemüsebrühe
170 g Möhren
100 ml Hafersahne
1 EL Meersalz
Etwas Muskat, gemahlen
Etwas weißer Pfeffer

Die Kartoffeln in Stücke schneiden, in Wasser, Gemüsebrühe und Hafermilch kochen und pürieren. Die Möhren in Stifte schneiden und zusammen mit den restlichen Zutaten hinzufügen. Noch 5 Minuten köcheln lassen, damit die Möhren weich werden. Schmeckt unnachahmlich gut!

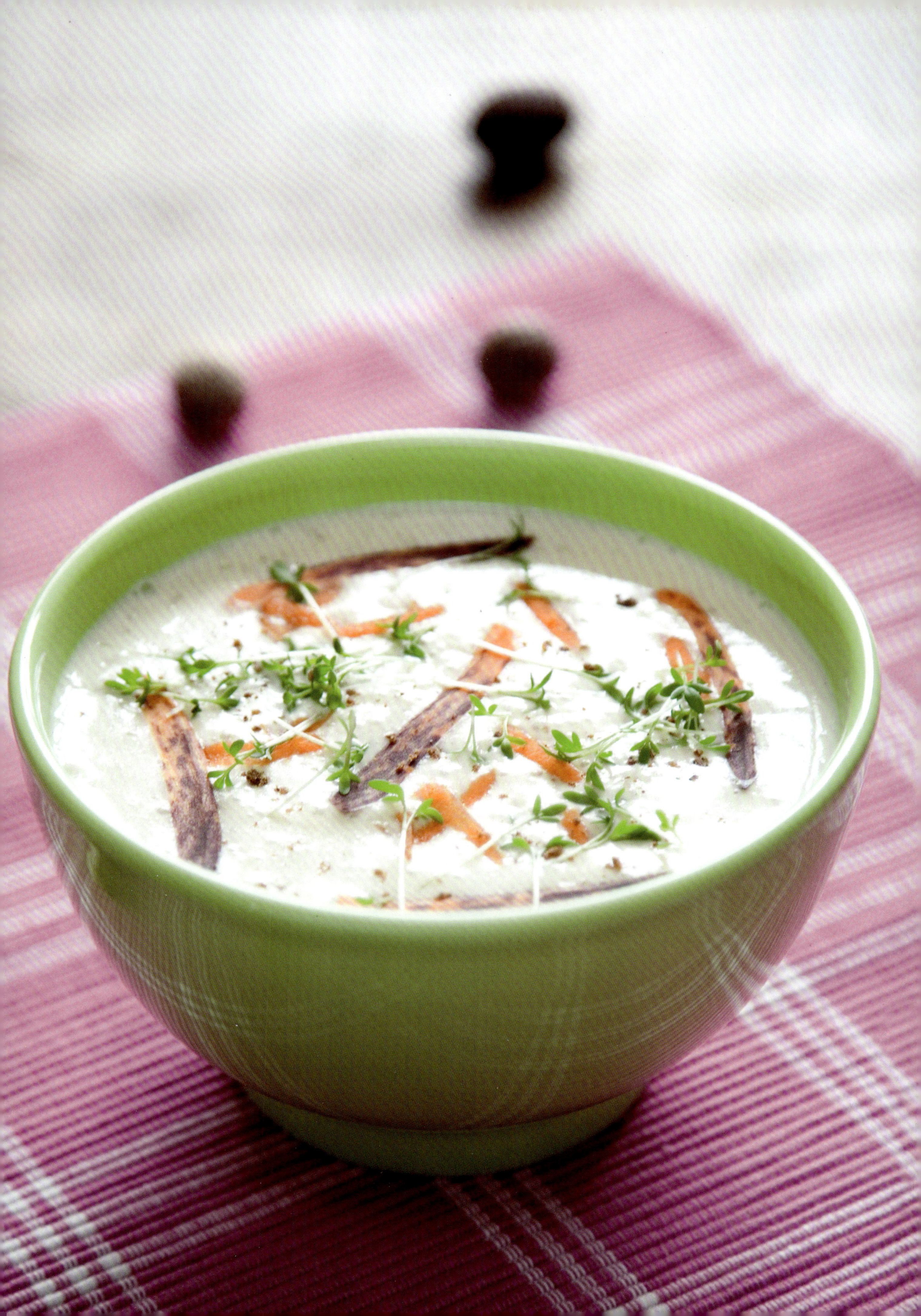

SUPPEN & EINTÖPFE

GAZPACHO HOT! I

Für 4 Personen

1 kg Tomaten
150 g Zucchini
100 g rote Paprika
1 TL Zitronensaft

1 TL Kräutersalz
1 TL Paprika, gemahlen
1 Messerspitze Chili
Etwas bunter Pfeffer

Alle Zutaten mixen.
Ideal für heiße Sommertage.

GAZPACHO HOT! II

Für 4 Personen

700 g Tomaten
150 g gelbe Paprika
1 kleine Zwiebel
1 Bund frisches Basilikum
2 EL Olivenöl

1 TL Kräutersalz
2 EL Hefeflocken
1 TL Paprika, gemahlen
1 TL Chili

Alle Zutaten mixen
und direkt servieren.

HAFER-CURRY-SUPPE

Für 4 Personen

- 100 g Haferflocken
- 50 g Kokosflocken
- 2 EL Currypulver
- 600 ml Hafermilch
- 400 ml Wasser
- 100 ml Hafersahne
- 2 EL Ahornsirup
- 1 EL Zitronensaft
- 1 EL Meersalz
- 1 TL Kreuzkümmel, gemahlen
- 1 EL Koriander, gemahlen

Hafer und Kokos unter ständigem Rühren in einer trockenen Pfanne goldbraun rösten. Zum Schluss kurz das Currypulver mitrösten. In Hafermilch und Wasser aufkochen und die restlichen Zutaten hinzufügen.

CREME DE ZUCCHINI

Für 5 Personen

- 500 g Zucchini
- 250 g Kartoffeln
- 1 EL Gemüsebrühe
- 1 Liter Wasser
- 200 ml Sojasahne
- 70 g vegane Majo
- 2 EL Kräutersalz
- 1 EL Salatgewürz
- 1 EL Dill
- 1 EL Koriander, gemahlen
- 1 EL Paprika, gemahlen
- Muskat
- Pfeffer

Zucchini in Scheiben und Kartoffeln in Stücke schneiden und in Wasser und Brühe kochen. Die restlichen Zutaten hinzufügen und pürieren.

GRÜNKERNCREME

Für 4 Personen

- 80 g Grünkern gemahlen
- 100 ml Hafersahne
- 300 ml Dinkelmilch
- 800 ml Wasser
- 1 EL Gemüsebrühe
- 200 g Pastinaken
- 75 g Margarine
- 1,5 EL Kräutersalz
- 2 EL Majoran
- 1 TL Muskat
- 1 TL Piment
- 4 Blätter frischer Liebstöckl, gehackt
- Etwas weißer Pfeffer

Grünkern, Hafersahne und Dinkelmilch mit einem Schneebesen verrühren. Wasser und Gemüsebrühe zum Kochen bringen und den angerührten Grünkern mit dem Schneebesen einrühren. Die gewürfelten Pastinaken in der Margarine goldbraun braten und zusammen mit den Gewürzen zufügen.

CROUTONS FÜR SUPPEN

Für 5 Personen

- 100 g Vollkorntoast
- 1 TL Kräutersalz
- 1 EL Olivenöl

Den Vollkorntoast würfeln. Alle Zutaten vermischen, auf ein Backblech geben und bei 180 Grad maximal 20 Minuten backen. Als Beilage für Suppen.

DESSERTS

DESSERTS

Süße Speise ist Balsam für unsere Seele und schmeichelt unseren Geschmackssinnen. Ich liebe es, immer wieder neue Desserts zu entwickeln, die man wirklich mit gutem Gewissen genießen kann, da sie nicht nur frei von tierischen Produkten und Fabrikzucker sind, sondern auch viele für unseren Körper wichtige Nährstoffe enthalten.

Ich möchte an dieser Stelle kurz beschreiben, wie isolierter, künstlicher Zucker (auch Roh-Rohrzucker!) im Körper wirkt:

Industriezucker wird genau wie alle anderen Kohlenhydrate im Dünndarm umgewandelt. Damit der Körper den Zucker verwerten kann, muss er ihn mit Hilfe von Enzymen, Vitaminen und Mineralstoffen zersetzen. Natürliche Nahrungsmittel führen die zur Zersetzung nötigen Stoffe mit sich. Der isolierte Zucker hingegen steht allein da. Der Körper verwendet also Stoffe aus seinen Reserven, um die Saccharose in Glukose umzuwandeln. Konzentrierter Zucker entzieht dem Körper grundsätzlich lebenswichtige Vitalstoffe. Das ist einer der Gründe für ernährungsbedingte Zivilisationskrankheiten. Neben dem für den Körper sehr wichtigen Vitamin B1 entzieht der Zucker auch noch Mineralien wie Kalzium, Phosphor, Magnesium und Chrom – ersatzlos.

Und dies sind die wissenschaftlich nachgewiesenen Nebenwirkungen von weißem Zucker: Depressionen, Antriebsschwäche, Karies, Schädigung der Magenschleimhäute, Sodbrennen, Magenreizung, Magengeschwüre, ernährungsbedingte Zivilisationskrankheiten, Übersäuerung, Senkung des Blut-PH-Wertes, Hypoglykämie (Unterversorgung von Muskeln, Organen und Gehirn durch niedrigen Blutzuckerspiegel), Arteriosklerose, Übergewicht, Herz-Kreislauferkrankungen und Diabetes.

Im Supermarkt, leider auch immer mehr im Bioladen, findest Du fast kein verarbeitetes Nahrungsmittel, welches keinen schädlichen Zucker enthält. Doch nun zum Genuss ohne Reue, den veganen Vollwertdesserts!

DESSERTS

MOHNCREME MIT ZIMTFLAIR

Für 5 Personen

Mohncreme:
55 g Mohn, gemahlen
70 g Naturreis, gemahlen
430 ml Reismilch
45 g Birnendicksaft
3 Tropfen Orangenöl
1 Tropfen Zimtöl

Sahnecreme:
140 g Tofu natur
50 ml Sojasahne
1 EL Zitronensaft
1 EL Agavendicksaft
3 Tropfen Vanilleessenz

Mohn und Reis mischen und bei ständigem Rühren leicht rösten. Die Reismilch hinzufügen und unter Rühren aufkochen. Etwas abkühlen lassen und den Birnendicksaft sowie die Öle dazugeben. Kühl stellen. Für die Sahnecreme alle Zutaten fein mixen und auf die Mohncreme geben.

HAFER-VANILLECREME

Für 4 Personen

500 ml Hafermilch
100 g Naturreis gemahlen
1 TL Vanille gemahlen
Prise Meersalz
75 g Agavendicksaft

350 ml Hafermilch zum Kochen bringen, die restliche Milch und die übrigen Zutaten mit einem Schneebesen verrühren, in die heiße Milch gießen und noch einmal aufkochen.

CRÈME AU CHOCOLAT À L'ORANGE

Für 4 Personen

500 ml Dinkelmilch
100 g Dinkel gemahlen
70 g Vollrohrzucker
2 EL Kakao
1/2 Orange (geriebene Schale)
5 Tropfen Orangenöl
Prise Meersalz

Das Dinkelmehl, den Vollrohrzucker und den Kakao in 200 ml Dinkelmilch anrühren, die übrige Milch zum Kochen bringen und den angerührten Brei mit dem Schneebesen einrühren. Noch einmal aufkochen lassen. Am Schluss die Orangenschale, das Salz und das Orangenöl zufügen. Schmeckt toll mit geschlagener Sojasahne und gehört definitiv zu den süchtig machenden Desserts!

Bei meinen allerersten Kochbüchern, die ich noch selbst mit dem Farblaserdrucker gedruckt und mit einem Bindegerät in Handarbeit gefertigt habe, fragte mich eine Freundin, warum dieses Rezept Schokocreme heißen würde. Ich hatte den Kakao vergessen...

ZITRONENJOGHURT

Für 5 Personen

600 g Sojajoghurt natur
100 g Agavendicksaft
1/2 Zitrone (geriebene Schale)
35 ml Zitronensaft
5 Tropfen Zitronenöl
1 Prise Meersalz
50 g geröstete und gehackte Mandeln
Zitronenmelisseblätter zum Garnieren

Alle Zutaten solange mit dem Schneebesen verrühren, bis der Joghurt ganz cremig ist. Zum Schluss die Mandeln drüberstreuen und mit Zitronenmelisseblättchen garnieren. Wenn man nicht wüsste, dass dieser Nachtisch vegan ist, würde man es garantiert nicht merken!

SANDDORNJOGHURT

Für 5 Personen

500 g Sojajoghurt
50 ml Sanddornsaft pur
100 g Agavendicksaft
50 ml Sojasahne
25 geröstete Mandeln

Die Zutaten sorgfältig mit einem Schneebesen verrühren und in 5 Schälchen abfüllen. Mit jeweils 5 Mandeln garnieren.

DESSERTS

Für 4 Personen

100 g Naturreis, gemahlen
150 ml Reismilch
30 g Agavendicksaft
Etwas Vanille

Für 4 Personen

60 g Mandeln geröstet
60 g Kokosflocken
60 g Rosinen
30 ml Multifruchtsaft
10 g Kokosflocken

VANILLECREME MIT REISMILCH

Den gemahlenen Reis mit 150 ml Reismilch verrühren und die restliche Milch zum Kochen bringen. Das angerührte Reismehl in die heiße Milch einrühren und noch einmal aufkochen. Am Schluss den Agavendicksaft und Vanille hinzufügen.

ENERGIEBÄLLCHEN!

Mandeln bei 150 Grad 15 Minuten im Backofen rösten und dann im Mixer vermahlen. Kokos und Rosinen zusammen vermahlen und mit den Mandeln sowie dem Saft verkneten. Kleine Bällchen formen, in Kokos wälzen und kühl stellen. Schmeckt nach mehr...

REISCREME ORANGE

Für 5 Personen

110 g Naturreis
220 ml Wasser
Prise Meersalz
350 g Orangen
50 ml Zitronensaft

50 g Reissirup
Schale einer Zitrone
100 g Kokosflocken
150 ml Sojasahne
(cremige Sorte, gekühlt)

Den Reis in Wasser und Salz 45 Minuten köcheln und abkühlen lassen. Dann mit den Orangen, dem Zitronensaft, dem Reissirup und der abgeriebenen Schale einer Zitrone cremig mixen. Die Sahne zusammen mit den Kokosflocken unter die Reiscreme heben.

HIRSE-ORANGEN-CREME

Für 5 Personen

150 g Hirse
600 ml Orangensaft
3 EL Ahornsirup
1/2 Orange
(geriebene Schale)

1 Prise Himalayasalz
150 ml Sojasahne
(cremige Sorte, gekühlt)

Hirse im Orangensaft kochen. Ahornsirup, Orangenschale sowie Salz zufügen und abkühlen lassen. Sojasahne unterheben.

CREME TROPIQUE AN TOFUSAHNE MIT DEM FLAIR DER GRÜNEN MANDARINE

Für 5 Personen

700 ml Multifruchtsaft
140 g Naturreis gemahlen
200 g Tofu natur
50 ml Hafersahne
40 g Agavendicksaft
1 EL Zitronensaft
3 Tropfen grünes Mandarinenöl

…um es einmal in Gourmetsprache auszudrücken…

Den Multifruchtsaft zum Kochen bringen und das Reismehl mit dem Schneebesen einrühren. Kurz aufkochen, in 5 Schälchen verteilen, abkühlen lassen und kühl stellen. Die übrigen Zutaten cremig mixen und auf der Reiscreme verteilen. Dieses leuchtende Orange ist eine Wohltat für die Augen!

DESSERTS

APRIKOSENCREME

Für 4 Personen

10 Aprikosen
100 ml Hafersahne
2 EL Agavendicksaft
100 g Cashewkerne

Diese Creme hat das gewisse Etwas... Südfrankreich, ein wunderschönes Orange. Hebt garantiert die Stimmung! Das ist übrigens auch die wundervolle Creme, die mein Sohn Elian auf dem Bild am Anfang des Buches genießt.

Aprikosen, Hafersahne und Agavendicksaft mixen. Dann die Cashews unterrühren. Vor dem Servieren gut kühlen!

BANANEN-CASHEW-CREME

Für 4 Personen

4 Bananen gekühlt
100 g Cashewmus

Das schmeckt so gut, dass man nicht mehr aufhören kann. Und dabei ist es ganz einfach.

Die Zutaten sorgfältig mit der Gabel zerdrücken, bis eine Creme entsteht. Sofort servieren!

DATTELBÄLLCHEN MIT CASHEWS

Für 5 Personen

100 g Datteln
100 g Cashewkerne
40 g Kokosflocken
Kokosflocken
(zum Wälzen)

Alle Zutaten mixen, kleine Bällchen formen, in Kokos wälzen und kühl stellen. Jammi!

SCHOKOBIRNE MIT ORANGENFLAIR

Für 5 Personen

500 g Birnen
100 g vegane Zartbitterkuvertüre
100 g Vollrohrzucker
40 ml Hafersahne
180 ml Reismilch
1/2 Orange (geriebene Schale)
5 Tropfen Orangenöl
1 Prise Meersalz

Die Birnen halbieren, das Kerngehäuse entfernen, mit der aufgeschnittenen Seite nach unten auf ein Backblech legen und bei 200 Grad 20 Minuten backen. Die Kuvertüre, den Vollrohrzucker, die Sahne und die Milch zusammen im Topf erhitzen, bis die Kuvertüre flüssig ist. Am Schluss die Orangenschale, das Orangenöl und das Salz zufügen, die Birnenhälften auf Desserttellern anrichten und die Schokosoße über die gebackenen Birnen gießen.

DESSERTS

EISCREMES

Wenn Du Dich vegan ernährst, brauchst Du nicht einmal auf Eiscreme zu verzichten. Du brauchst auf überhaupt nichts zu verzichten! Schmeckt veganes Eis überhaupt? Ich habe zum Beispiel noch nie ein besseres Schoko- oder Haselnusseis gegessen. Die Zubereitung ist denkbar einfach. Probiere es aus! Einzige Bedingung: Man braucht einen starken Mixer oder eine Eismaschine. Alle Eiscremerezepte sind für 4 Personen.

400 ml Sojasahne
80 g Vollrohrzucker
100 g geraspelte Zartbitterkuvertüre
20 g Kakao

SCHOKOEIS

Alle Zutaten mixen und einfrieren. Dann noch einmal fein cremig mixen und servieren. Kennst Du den Film „Chocolat"? Am besten den Film anschauen und dabei das Eis auf der Zunge zergehen lassen!

300 ml Sojasahne
100 ml Zitronensaft
60 g Agavendicksaft
1 kleine Zitrone (geriebene Schale)
5 Tropfen Zitronenöl
100 g geröstete und gehackte Mandeln

ZITRONENEIS

Besonders empfehlenswert an heißen, schwülen Sommertagen. Danach fühlst Du Dich wundervoll erfrischt!

Die ersten 5 Zutaten mixen und einfrieren. Dann noch einmal cremig mixen, mit den Mandeln bestreuen und sofort servieren!

400 g Erdbeeren, gefroren
80 g Agavendicksaft
125 ml Sojasahne

ERDBEEREIS

Alle Zutaten mixen und sofort servieren.

300 ml Hafersahne
100 ml Orangensaft
50 g Agavendicksaft
1/2 Orange (geriebene Schale)
5 Tropfen Orangenöl

ORANGENSORBET ▶

Alle Zutaten mixen und einfrieren. Dann noch einmal cremig mixen, garnieren wie im Bild und sofort servieren!

HASELNUSSEIS

300 ml Hafersahne
100 g Haselnussmus
60 g Vollrohrzucker

Alle Zutaten mixen und einfrieren. Dann noch einmal cremig mixen, um die Eiskristalle zu zerschlagen, und sofort servieren. Schmeckt auch toll!

VANILLEEIS

400 ml Hafersahne
80 ml Agavendicksaft
1/2 TL Vanille, gemahlen

Zubereitung siehe Haselnusseis.

BANANENEIS

4 Bananen
50 ml Sojasahne
1 EL Reissirup

Vollreife Bananen schälen und einfrieren. Dann mit den übrigen Zutaten cremig mixen und sofort servieren.

KUCHEN & GEBÄCK

KUCHEN & GEBÄCK

Auch in diesem Bereich brauchen wir auf keinerlei kulinarische Genüsse zu verzichten. Es ist absolut möglich, die leckersten Backwaren zu zaubern, die frei von tierischem Eiweiß, Weißmehl und Weißzucker, und gleichzeitig völlig gesund sind. Im Prinzip kannst Du jedes konventionelle Kuchenrezept in ein veganes vollwertiges umwandeln: Den Zucker ersetzt Du durch Vollrohrzucker, Butter durch Bio-Margarine, Eier durch Sojamehl, Sahne durch Hafer- oder Sojasahne, Quark durch Tofucreme, Milch durch Dinkel-, Hafer-, Reis-, Mandel- oder Sojamilch.

APFEL-STREUSELKUCHEN

Für den Boden:
300 g Dinkel, gemahlen
125 g Margarine, erwärmt
100 g Reissirup
2 EL Sojamehl
1 TL Weinstein-Backpulver
Geriebene Zitronenschale
2 EL Dinkelmilch

Für den Belag:
1 kg Äpfel in Scheiben
100 g Rosinen
4 EL Rum

Für die Streusel:
250 g Dinkel, gemahlen
125 g Margarine
(warm gestellt)
3 EL Agavendicksaft
100 g Haselnüsse, gehackt
1 TL Zimt

Für die Tofucreme:
500 g Tofu natur
200 ml Sojasahne
100 g Agavendicksaft
1/2 TL Vanille, gemahlen

Mit dem Handrührgerät die Zutaten für den Boden zu einem festen Teig verarbeiten. Die Rosinen eine halbe Stunde in Rum einweichen. Die Zutaten für die Streusel miteinander verkneten. Den Bodenteig auf eine gefettete Springform aufbringen, Äpfel und Rosinen darauf verstreichen. Die Streusel auf dem Belag verteilen und den Kuchen bei 160 Grad 45 Minuten backen. Die Zutaten für die Tofucreme cremig mixen und zusammen mit dem Kuchen servieren. Ergibt 16 Stücke und schmeckt einfach gut. Übrigens: Rum ist auch vegan ☺.

DINKELWAFFELN

Für 6 Personen

175 g Dinkel, gemahlen
1/2 TL Backpulver
60 g Vollrohrzucker
60 g zerlassene Margarine
90 ml Wasser, lauwarm
60 ml Hafersahne
1 EL Sojamehl
Etwas Vanille, gemahlen
1 Prise Salz

Alle Zutaten miteinander verquirlen, bis ein dickflüssiger Teig entsteht. Kühl stellen. In einem Waffeleisen 2 Minuten bei 200 Grad backen. Zum Beispiel mit Vollrohrzucker und Zimt bestreuen. Schmeckt super!

KUCHEN & GEBÄCK

MOHNKUCHEN

Für den Belag:
250 g Mohn, gemahlen
150 ml Sojasahne
150 ml Wasser
100 g Rosinen
4 EL Rum
150 g Aprikosenmarmelade
120 g Vollrohrzucker
100 g Mandeln, gemahlen
7 Bittermandeln, gemahlen
1 Zitrone (geriebene Schale)
400 ml Sojasahne
(cremige Sorte, gekühlt)

Für den Boden:
250 g Dinkel, gemahlen
100 g Margarine, flüssig
100 g Vollrohrzucker
2 EL Sojamehl
1 TL Backpulver
1 TL Zimt
1 Prise Salz
Etwas Wasser

Die Zutaten für den Boden mit dem Handrührgerät zu einem dicken Teig verarbeiten und auf eine gefettete Springform aufbringen. Sojasahne und Wasser zum Kochen bringen und mit dem Mohn vermischen. 15 Minuten quellen lassen. Die Rosinen in dem Rum einweichen. Die Marmelade auf dem Teigboden verstreichen. Den Mohn, Mandeln, Rosinen, Zitronenschale und Vollrohrzucker vermischen und auf dem Boden verteilen. Bei 160 Grad 45 Minuten backen. Die Sojasahne auf dem abgekühlten Kuchen verteilen. Ergibt 16 Stücke. Wer Mohn mag, wird begeistert sein!

SCHOKO-CASHEW-KUCHEN ▶

Für den Boden:
600 g Cashewkerne, gemahlen
110 g Agavendicksaft
80 ml Sonnenblumenöl
125 ml Reismilch
4 EL Sojamehl
1/2 Orange (geriebene Schale)
1 Prise Meersalz

Für den Belag:
350 g Zartbitterkuvertüre
150 ml Reismilch
200 ml Hafersahne
50 g Vollrohrzucker
10 Tropfen Orangenöl

Die Zutaten für den Boden verquirlen und den Teig auf ein halbes gefettetes Backblech streichen oder für ein ganzes Blech die Zutatenmenge verdoppeln. 25 Minuten bei 160 Grad backen. Die Zutaten für den Belag in einem Topf erhitzen, bis sich die Kuvertüre aufgelöst hat. Orangenöl ganz am Schluss hinzufügen und die Schokocreme auf dem Boden verstreichen. Abkühlen lassen. Ergibt 16 Stücke. Schmeckt gut gekühlt am besten.

Vorsicht: Es könnte sein, dass Du Schwierigkeiten hast, aufzuhören, und Dich danach kaum noch bewegen kannst! Deswegen bekommt bei mir jede Person nur ein Stück, sonst muss ich mir hinterher die Beschwerden anhören…

113

PERSÖNLICHES

Schon als Kind hatte ich eine sehr tiefe Verbindung zur Natur. Ich habe es immer geliebt, mich an der frischen Luft zu bewegen und meinem eigenen inneren Gefühl zu folgen. Umso mehr hasste ich es, in der Schule eingesperrt zu sein, still sitzen zu müssen und mir Dinge anzuhören, die mich nicht interessierten.

Mir war schon sehr früh schmerzhaft bewusst, wie viel Zerstörung auf unserer wunderschönen Erde geschieht. Und ich wusste schon als kleiner Junge, dass ich alles tun würde, um mich für eine bessere Welt einzusetzen. Ich hatte immer ein sehr klares Gefühl dafür, wie es eigentlich sein müsste, wenn die Menschen im Einklang mit sich selbst und ihrem Planeten leben würden. Die tiefe Liebe zur Natur und zur Erde sollte mein ganzes Leben begleiten.

Im Alter von 16 Jahren begann ich, mich in der Friedens- und Ökologiebewegung zu engagieren. Ein Jahr später fiel mir ein kleines Büchlein über gesunde Ernährung in die Hände, welches mein Leben verändern sollte: Ich stellte von einem auf den anderen Tag meine komplette Ernährung konsequent auf fleischlos, vollwertig und biologisch um und begann, meine Leidenschaft für die Zubereitung natürlicher, vitaler Nahrung zu entdecken. So gibt es mittlerweile nichts, was ich nicht schon selbst hergestellt habe: Milchsaures Gemüse wie Sauerkraut, Sojamilch und -joghurt, Tofu, Tempeh, Seitan, Trockenfrüchte, Kräutertees, Marmeladen, Frucht- und Gemüsesäfte und vieles mehr.

Ich habe mich dann als Jugendlicher auf die Suche gemacht nach meiner Lebensaufgabe, nach einem Weg, wirkliche Freiheit und Lebensfreude zu finden. Diese Suche führte mich in die Natur, in der ich 10 Jahre lebte, auf eine Weise, wie die Menschen es seit Tausenden von Jahren getan haben. In dieser Zeit, in der ich mich direkt von Mutter Erde ernährte, durch den Anbau von Gemüse und Obst sowie das Sammeln von Beeren, Nüssen und Wildkräutern, habe ich sehr viel Erfüllung, Heilung und Klarheit erfahren.

Besonders die Verbindung zu meinen Lehrern in der geistigen Welt beschenkte und beschenkt mich so sehr, dass ich das nicht in Worten ausdrücken kann. Diese Meister vermittelten mir das Wissen darüber, dass dieser Planet von Gott so geschaffen wurde, dass hier ein wahrhaft paradiesisches Leben möglich ist. Dazu ist es wichtig, dass die Menschen wieder lernen, sich mit ihrer Seele und ihrem Herzen zu verbinden und ihre Aufmerksamkeit nach innen richten, um den Frieden zu fühlen, der in jedem Augenblick für uns da ist.

PERSÖNLICHES

Dieser göttliche Frieden, diese Liebe ist die einzige Realität, unabhängig davon, ob wir daran glauben. In der Verbindung mit dieser Kraft fällt alles Unwichtige von uns ab und wir hören auf, uns von Äußerlichkeiten abhängig zu machen.

Was brauchen wir, um uns und unsere Erde zu heilen? An erster Stelle das Bewusstsein, dass alles Leben untrennbar miteinander verbunden ist, und dass alles, was wir anderen Menschen, Tieren und Pflanzen antun, uns im gleichen Augenblick selbst geschieht, ob wir uns dessen bewusst sind oder nicht.

Wenn wir liebevoll zu uns selbst sind und zu allem, was lebt, dann geben wir unserem Körper nur die beste natürliche Nahrung, die auf harmonische Weise entstanden ist. Wir setzen uns dafür ein, jeder auf seine persönliche Weise, dass alle, mit denen wir in Berührung kommen, sich besser fühlen. Wir unterstützen nur das, was im Einklang mit dem Leben ist und arbeiten daran, uns zu verändern, so dass wir immer freier und glücklicher werden und dadurch unseren Brüdern und Schwestern ermöglichen, genauso erfüllt zu sein.

Die Qualität, die wir in der jetzigen Situation auf unserer Erde dringend brauchen, ist, dass wir wahrhaftig und authentisch leben. Es wird viel geredet und geschrieben. Das Einzige, was wirklich zählt, ist *wie* wir leben. Reden wir nur über ein besseres Leben und eine lebenswerte Zukunft für unsere Kinder, oder sind wir auch bereit, dafür wirklich etwas zu tun? Dieses Bewusstsein spiegelt sich in der Arbeit und den Projekten wieder, für die ich mich engagiere.

Ich halte Vorträge und Seminare zu den Themenbereichen Lebensvision und Lebensaufgabe, Engel und die geistige Welt, vegane Ernährung, Schutz des Regenwaldes, Permakultur und Kooperation mit der Natur.

In den letzten Jahren habe ich das Regenbogenkreis-Projekt aufgebaut. Gemeinsam mit einer wundervollen veganen Gemeinschaft von engen Freunden vertreibe ich selbst entwickelte Gesundheitsprodukte, Wildpflanzen aus dem südamerikanischen Regenwald, Superfoods, vegane Rohkostprodukte, besondere Bücher, DVDs und vieles mehr. Einen Teil unserer Gewinne verwende ich dafür, Regenwald zu kaufen und nachhaltig zu schützen.

Meine Vision ist es, mit unserem Projekt viele Menschen zu einem Bewusstseinswandel zu inspirieren und dazu beizutragen, eine neue Gesellschaft aufzubauen, die im Einklang mit der Erde und den göttlichen Gesetzen lebt.

Mehr Informationen über meine Arbeit findest Du auf meiner Webseite www.regenbogenkreis.de.

Kontakt:

Matthias Langwasser
E-Mail: matthias@regenbogenkreis.de

www.regenbogenkreis.de

INDEX

Agavendicksaft 27, 30
Ahornsirup 27
Amaranth 30
Apfelmüsli 51
Apfel-Streuselkuchen 111
Apfel-Zimt-Porridge 52
Apfel-Zwiebel-Schmalz 48
Aprikosencreme 106
Aromatische Kräuterbutter 45
Ätherische Öle 30, 45
Ätherisches Thai-Würzöl 37
Auberginen auf dem Blech 82
Austernpilze 77
Avocadocreme 47
Avocadodressing 65

Bananen-Cashew-Creme 106
Bananeneis 109
Bananenmüsli 52
Bananorange mit Cashews 53
Bandnudeln 57, 89
Basilikum 47, 60
Bärlauch-Hanf-Bratlinge 81
Beilage zu roten Chilibohnen und Tortillas 83
Birnen 107
Birnendicksaft 27, 102
Blechkartoffeln 80
Blumenkohl 80
Bratlinge 81, 85
Bratöl 30
Braune Linsen 95
Brokkoli 57, 59, 69, 77, 89, 95, 96
Brokkoli-Giersch-Paprika-Salat mit Tempeh 59
Buchweizen 39
Bulgur 30, 39, 69, 86
Bulgur-Brokkoli-Spinat-Auflauf 69
Bunte Riesenbohnen 57
Bunter Kartoffelsalat 58
Bunter Linseneintopf 95
Bunter Reissalat 55
Bunte-Riesenbohnen-Salat 57
Buschbohnen-Tomaten-Gemüse 90

Cashewcreme 106
Cashews 106, 112
Champignons 47, 69, 90
Chili 57, 83

Crème au chocolat à l'orange 102
Creme de Zucchini 99
Creme Tropique an Tofusahne
mit dem Flair der grünen Mandarine 105
Croutons für Suppen 99
Curry 74, 91
Currydressing 64, 65
Currypaste 31
Curry-Reis 88

Dattelbällchen mit Cashews 106
Deftiges Sauerkraut 73
Dicke-Bohnen-Gemüse mit Tomaten 92
Dinkel 31, 38
Dinkelbrot 43
Dinkelbrötchen 41
Dinkelsalat mit Sauerkraut 55
Dinkelwaffeln 111

Einfacher Möhrensalat 63
Energiebällchen! 104
Erdbeereis 109
Exotischer Möhrensalat 63

Feine Bandnudeln
im Currydressing an Seitanwürfelchen 57
Feiner Blumenkohl an Möhren-Zwiebel-Soße 80
Frischer Gurkensalat 61
Frischer Spinat 84
Frischkornbrei Violett 53
Frischkornmüsli 51
Früchte-Curry-Soße 74

Gazpacho Hot! 98
Gebratener Tempeh 86
Gefüllte Paprika für Herz und Verstand 91
Gefüllte Zucchini 78
Gemüsebrühe 31
Gerste 38
Gerstenmalz 31
Giersch 59, 62
Grießknödel 92
Grüne Mandarine 105
Grüne Oliven 56
Grüner Hokkaidokürbis 32, 85
Grüner Salat 60
Grüner Salat mit Tomaten und Avocados 61
Grünkern 31, 39
Grünkernbratlinge 85
Grünkerncreme 99
Gurken-Dill-Gemüse 84
Gurkensalat 61

Hafer 38, 51
Hafer-Curry-Suppe 99
Hafer-Frischkornmüsli 51
Hafermilch 31
Hafer-Risotto 76
Hafersahne 27, 31
Hafer-Vanillecreme 102
Hanfbratlinge 81
Hanfbrötchen 41
Hanfsamen 31, 41
Haselnusseis 109
Hefeflocken 20, 32
Himbeersoße mit Tahin 64
Hirse 39
Hirse-Orangen-Creme 105
Hokkaidokürbis 32, 85, 86, 96
Hokkaidokürbiscreme mit frischem Ingwer 96

Joghurt-Curry-Dip 65
Junge Möhren in Kürbissoße 86

Kartoffel 80
Kartoffelbrei 73
Kartoffel-Brokkoli-Auflauf mit Pilzen 69
Kartoffelcreme mit Muskat 96
Kartoffel-Löwenzahn-Salat 59
Kartoffelsalat 58
Kichererbsenbällchen 74
Kichererbsencurry 91
Kichererbsenpaste 48
Knollensellerie 63, 73
Kohlrabi 61
Kräuterbutter 45
Kräutersalz 32, 37
Kristallsalz 32
Kürbis 86, 95, 96
Kürbis auf dem Blech 85
Kürbiskernöl 95
Kürbissuppe
mit Brokkoli und Kartoffelstückchen 96

Lasagne Vegano 68
Lauchtarte 72
Linsen-Brokkoli-Tofu-Eintopf 95
Linseneintopf 95
Linsenmus 47, 81
Löwenzahn 95

Mais-Bohnengemüse in roter Paprikasoße 82
Maisbrötchen 42
Maisgrieß 39, 78
Maisstärke 33

Majo 36
Mamas Salatsoße 64
Mandelmilch 51
Mangoldgemüse 88
Margarine 27, 32
Meerrettichcreme 46
Meersalz 33
Minutenbrötchen 43
Mohncreme mit Zimtflair 102
Mohnkuchen 112
Möhren in Kürbissoße 86
Möhren-Räuchertofu-Paste 48
Möhrensalat 63
Muskat 96
Müsli 51–53
Müslibrot 43

Naturreis 39
Naturreis mit rotem Reis 74
Nudeln 57, 89
Nudelpesto 77
Nudelsalat 57, 61
Nudelsoße 78
Nuss-Rosinen-Brötchen 42

Orangencreme 105
Orangenöl 30, 102, 107, 112
Orangen-Petersilie-Salatsoße mit Curry 64
Orangensorbet 108

Paprika gefüllt 90, 91
Paprika mit Champignonfüllung 90
Paprika Rot Grün Gelb 87
Paprikadressing 62
Paprikagemüse mit Lupinen Tofu 94
Paprikasoße 82
Pasta Grande 89
Pastasalat Spezial 61
Pastasoße 78
Pastinaken 33, 99
Pastinaken auf dem Blech 74
Petersilie 64
Petersilienwurzel 33
Pilz-Curry-Paste 47
Pizza Vegano 71
Polenta 39, 78

Quinoa 33, 39, 56
Quinoasalat 56

Räuchertofu 28, 36, 48
Reis 39

INDEX

Reiscreme Orange 105
Reiscreme Vanille 104
Reismilch 33, 51, 104
Reissalat 55
Reissirup 33
Remoulade 36
Riesenbohnen 57
Risotto 76, 84
Roggen 38
Rohkost aus Kohlrabi und Äpfeln 61
Rote Beete 18, 62
Rote-Beete-Frischkost mit gerösteten Mandeln 62
Rote-Beete-Salat mit Nüssen 62
Rote Chilibohnen 83
Rote Linsen 47, 81, 95
Rotes Linsenmus 47, 81
Rote-Bohnen-Brokkoli-Salat mit Chili 57
Roter Mangold 88
Roter Reis 39, 55, 74
Rotes Reis-Risotto 84
Roter Traubensaft 53
Rucola 57, 62
Rucola-Salatsoße 64

Salatgurken 61
Salato Italiano à la Matthiaso 60
Samstag-Abend-Bratlinge 87
Sanddornjoghurt 103
Sauerkraut 55, 73
Schmalz 48
Schokobirne mit Orangenflair 107
Schoko-Cashew-Kuchen 112
Schokocreme 102
Schokoeis 109
Seitan 28, 33, 57
Sellerie-Apfel-Salat 63
Sellerieschnitzel 73
Soja 91
Sojabohnen 33
Sojafleisch 28, 35
Sojagranulat 28
Sojajoghurt 27, 34, 103
Sojamehl 27, 35
Sojamilch 27, 34
Sojasahne 27, 35
Sojasoße 35
Sonnenblumenaufstrich Provencal 45
Soße Rosé 65
Sosso Tomato 65
Spinat 69, 71, 84
Spinatquiche 71
Stevia 27, 35

Super Salatsoße! 65
Süßkartoffelbrei 76
Süßkartoffelcreme 48
Süßkartoffeln 35, 48, 69, 77
Süßlupinen 18, 27

Tahin 35, 64
Tempeh 35, 86
Thai-Würzöl 37
Tofu 28, 36, 91
Tofu natur 28, 36
Tofubällchen 88
Tofucreme 111
Tofu-Rührei 87
Tofusahne 105
Tofuwürstchen 28, 36, 55
Tomatensoße 68
Tomaten-Basilikum-Aufstrich 47
Tortillas 83
Tropencreme 52, 105
Tropenmüsli 52
Tropensaft 51, 52

Überbackener Kartoffelbrei 73

Vanillecreme mit Reismilch 104
Vanilleeis 109
Vegane Majo 36
Vegane Remoulade 36
Vollrohrzucker 27, 36

Waffeln 111
Walnüsse 53, 63
Weiße Bohnen 82
Weißkohlgemüse 81
Weizen 38
Wildkräuter 18, 25, 45, 59, 62
Wildkräutersalat mit Paprikadressing 62
Wildreis 39

Zimtapfel und Walnüsse 53
Zitroneneis 109
Zitronenjoghurt 103
Zitronenmelisse 89
Zitronenmüsli 52
Zitronenöl 30, 45, 109
Zucchini gefüllt 78
Zucchini Provencal 89
Zucchini-Brokkoli-Gemüse in Paprikasoße 77
Zucchinigemüse 76
Zucker 101
Zuckermais 82
Zwiebelkuchen 72